人生の答えは家庭科に聞け！

堀内かおる・南野忠晴 著
和田フミ江 画

岩波ジュニア新書 828

はじめに――家庭科を学ぼう！

あなたは今、毎日が楽しいですか？　望むような生活ができていますか？　もしかしたら、うまくいかないことや面白くないことばかりで、どうしてこうなんだろう、と悩んでいませんか？　本書は、そんな人生に悩めるあなたに贈る、家庭科という「人生の地図」です。

「家庭科」という教科からあなたがイメージすることは、調理実習や縫い物といった実技をしている場面かもしれませんね。でも、家庭科の中でこうした実技はその内容の一部にすぎません。高校の家庭科教科書をじっくり読んでみてください。あまり意識していなかったかもしれませんが、実は、生まれてから成長し、やがて年老いて人生の終わりを迎えるまでの、人の一生の中で起こる生活に関わるあらゆることが、「家庭科」という教科の中に詰まっています。

本書は、人生の様々な場面であなたが直面するかもしれない悩みを取り上げ、家庭科という教科に関わる知識や考え方をもとに、解決の方法を探っていきます。

ただ一つだけ、注意して欲しいことがあります。それは、問題解決にあたり、「一つの正解があるわけではない」ということです。家庭科では、「正しい生き方」や「理想の生活」を一つの答えとして示してはくれません。なぜなら、人生の答えを見つけるのは、あなた自身だからです。あなた自身が、自分を見つめ、直面する課題に向き合い、どうしたらよいか考えるほかないのです。それはとても悩ましい、気の重くなるような作業かもしれません。でも、「自分の人生」を歩んでいくって、そういうことなのではないでしょうか。「どうにもならない自分」と向き合いながら、一つひとつ、できることやわかることを増やしていくなかで、自分なりの「答え」が見つかるに違いありません。

それでも、あなたがどれだけ努力して頑張っても、事態が改善されないということもあると思います。そんな時には、周りを頼ってみましょう。身近な人々や行政の窓口、専門の団体に相談することによって、道が開かれるかもしれません。家庭科で取り扱われる内容には、あなたが人生の途中でつまづいて、途方に暮れて立ち止まったときに、参考になる様々な情報が含まれています。改めて、家庭科の教科書を手にとって、見直してみましょう。きっと、これからの生き方に関わるヒントが得られると思います。

本書のもとになっているのは、二〇一四年度から放送されているNHK高校講座『家庭総合』の冒頭で紹介される「おなやみ相談」漫画です。この漫画には、毎回の番組テーマに関わって、主人公である高校生たちの気付きや思いが描かれ、各回で扱われる主題がわかりやすく紹介されています。本書はこの「おなやみ相談」漫画を受けて、主人公が直面している課題に即して解説をしていきます（奇数章と続くコラムを堀内かおる、偶数章と続くコラムを南野忠晴が担当）。一読して、「そんな考え方・方法があるのか」と気付いたり、これからの自分のありかたを考えるうえで参考になるようならうれしく思います。

さあ、それではさっそく、「人生の地図」を携えて歩き出しましょう。きっと、あなたに似た人が本書の中に見つかるはずです。

堀内かおる

目次

はじめに――家庭科を学ぼう！

1章 自分を知る…… 1

大人になるって、どういうこと？ 2／せっかく手伝ったのに… 6／オレ、保育士になりたい!! 10／親友の恋愛に納得がいかない 14

コラム あなたらしい人生はジェンダーを超えて 18

2章 人生はどう始まり、どう終わる？…… 23

妊娠って一体なに？ 24／赤ちゃんの気持ちがわからない！ 28／お姉ちゃん、ほんとに子どものこと考えてるの？ 32／じいちゃんがめんどくさい！ 36／おばあちゃんへの接し方がわからない… 40

コラム 素敵な自分を見る方法 44

3章 家族って何だろう？ …… 49
家族って何？ 50／部屋が汚くて何が悪い！ 54／食事は家族そろってするもの？ 58／家族と仕事と…どう生きたい？ 62／結婚って何?? 66
コラム 新しい「家族」の形 70

4章 衣食のジレンマ …… 75
ダイエット中、焼肉に誘われた！ 76／筋肉をつけたいだけなのに… 80／手抜き料理はダメですか？ 84／制服を着崩したい！ 88／おしゃれと素材はむずかしい 92／友達と服がかぶっちゃう！ 96／大事な服にしみがついた！ 100
コラム ていねいに生きよう！ 104

5章 支えあって生きる …… 109
障がい者を知る 110／私が頑張らなきゃ…でも、もう限界！ 114／母との2人暮らしがピンチ！ 118／進学したい… 122／妹の留守番が心配で… 126／地域のつながりってめんどくさい！ 130／イトコが大ケガして失業?! 134
コラム 心の在《あ》り処《か》としての「第三の場所《サードプレイス》」 138

6章 生活することが、社会を変える……143
安ければ安いほどいいの?! 144／このレンコン食べられる?? 148／じいちゃんが農家をやめる? 152／買い物はよく考えて 156／♡♡♡を見ようとしたら… 160／衝動買いで大失敗! 164／浴衣の着方、誰か教えて〜っ 168
コラム 社会は僕たち一人ひとりがつくっているんだよ 172

7章 人生をデザインする……177
人並みの「シアワセ」って何? 178／やっとなれた正社員、とはいうものの… 182／人生どうする?! 186／夢のマイホームなんだけど 190／世の中って良くなっているの? 194／人生のピンチ! どうしよう… 198
コラム 悩むことは生きること 202

おわりに——悩めば悩むほど人生はおもしろい! 207
♪もっと世界を深く、広く知りたい人のための案内板 211

編集協力：ＮＨＫエデュケーショナル
本文画：和田フミ江

1章

自分を知る

大人になるって，どういうこと？

高校生タクミ（17歳）の場合

おなやみ相談

大人〜〜〜!?
はぁ〜!?
ビクッ
くるっ
脱いだら脱ぎっぱなし!
食べたら食べっぱなし!
食事だって!洗濯だって!ぜーんぶお母さんにやってもらってるじゃないの!
これのどこが大人なのよ!
この口か…
この口が言ったのか!?
うわーん
やろうと思えばできるよ〜
じゃあ今やりなさいよ!
とにかく、アルバイトはちゃんと大人になってから考えなさい
フンッ
う、
う、
大人?
大人って?
大人になるって?
いったい何なんだよ〜〜!
うお〜〜!!
ボリボリ

「大人」である条件ってなんでしょう？

アルバイトをしようと思い立ったタクミ君。今までは「お小遣い」の範囲では買えそうもない、かっこいい服が欲しくても、お母さんに頼んで買ってもらえなかったら諦めるしかなかった。でも、アルバイト代さえもらえれば、自由に好きなものが買えるよね。お母さんは「お金を稼ぐのなんて大人になってからで十分」って言うけれど、いちいちお母さんのお許しがなければいけないなんて、「もう」高校生なんだから、信頼して任せてよ、と言いたい気持ち、わかります。お母さんは「大人」じゃないんだからダメ、って突っぱねるけど、じゃあ、「大人」ってなんだろう。どんなふうになったら、「大人」だと認められるのかな。

「子ども」と「大人」の違いを考えてみましょう。成人式は二〇歳です。二〇歳になれば、飲酒・喫煙が法的に認められ、親権者の同意なしに結婚できるようになりますね。その一方で、二〇一五年に公職選挙法の一部を改正する法律が成立・公布されたことにより、選挙権年齢は満一八歳に引き下げられることになりました。選挙で一票を投じる責任を持つ、ということはこの社会を担う「大人」としての責任が付与されたとも言えますね。働いて収入を得るのは

「大人」というタクミ君のお母さんの言うような考え方は、ある意味、「大人」の役割から切り離すことによって、「子ども」という特別な存在・人間の発達上特別な時期を守ろうということでもあります。人間の発達上、子ども時代にやっておかなければいけないことがあるから、「子ども」と「大人」は区別され、「子ども」には禁じられていることがあると言えそうです。

しかしそうは言っても、「高校生」という年齢は、「子ども」と呼ぶには、確かに結構、微妙なところがありますよね。収入こそ十分にはないものの、アルバイトも法的に禁止はされていないし、行動範囲も広がって、世代を超えた人々と出会う機会も増える。彼氏・彼女とのお付き合いも、中学の頃より親密な関係になっている。もう「大人」なんだから大丈夫、自分で何とかやっていけるよ、かまわないでよっていうあなたの声が聞こえてきそうです。

そんなあなたに一つだけ確認しておきたいことがあります。あなたは、金銭的なことはもちろん、精神的にも身体的にも自分をコントロールして、考えて物事を決断・実行し、その結果がどうであれ、受け止める覚悟がありますか？「大人」って、自分の人生を自分で引き受けていくことができる人なのではないか、と私は考えています。高校生という時期は、「子ども」から「大人」への橋を渡る、重要な時期です。「大人」になったら、誰もあなたの代わりになれないのです。貴重な今この時を大切に、素敵な「大人」への助走を続けてください。

せっかく手伝ったのに…

高校生タクミの場合

どんっ
うな重
出前
とったんだ
洗濯も
やっといたよ!
ビシッ
ク…
クリーニング?
うん
洗濯機
よくわからなくて
タクミ…
あんた
あんたは…
ワナ…
来月のお小遣い
なしじゃ～～～!!
なっ
なんでだよ～～～!!

なんで喜んでもらえないんだろう?――「手伝い」と「仕事の分担」の違い

あー、もうこんな時間。お腹すいたな。お母さんが帰ってくるまでに、晩ご飯を準備しておいてあげたら喜んでくれるかな。…というのが、タクミ君の気持ち。一方、お母さんはと言えば、多分、こんなふうに思っていたんじゃないかな。…一日の仕事が終わり、やっと帰れる。タクミがお腹をすかせて待っているから、早く帰って夕ご飯つくらなくちゃ。高校生になったんだし、あの子家庭科そんなに苦手じゃなかったはずだから、たまには食事の支度やっておくよ…なんて気のきいたことは、しないわよね。小さい頃からできるだけ手伝わせるようにしてきたつもりだけど、言われたことを言われたとおりにするだけ。…仕方ないか。所詮《しょせん》、タクミにとっては「お手伝い」なんだから。あの子の「仕事」として、任せてきたわけじゃないから、結局私がやらないといけないんだわ。

だからお母さんは、家に着いてご飯の用意ができていると聞いて、大感激だったわけです。ところがその感動も、用意されたうな重、クリーニングの山を見て吹っ飛んでしまいました。こんなにお金をかけなくたって、家事は自分たちでできるはず。タクミ君の気持ちに感謝しつつも、こんなことが続いたら、生活が成り立たない！と怒りが込み上げてきたお母さん。タクミ君はどうして喜んでもらえないのか、わからないみたい…。良かれと思ってやったことが、非常識だと切り捨てられてしまったタクミ君には、ちょっと同情するなあ。

でも、お母さんの言うことは確かにもっともなことで、食事の支度や洗濯などの日常的な家事をすべて外注して誰かにやってもらっていたら、お金がいくらあっても足りなくなるでしょう。収入を得るための仕事が重要であると同様に、家事も暮らしを成り立たせるために必要かつ重要な仕事です。ただそれを「誰が」担うかは、家庭によって様々です。タクミ君のお母さんが収入を得るための仕事もやりながら、家事も全部自分がやらなくちゃ、と思っていたとしたら、お母さんにとってはすごいプレッシャーだし、体の負担にもなっているよね。

日本では固定的な性別役割分業の考え方が根強く、家庭で家事を主として担うのは妻であり母親だという傾向が今でも残っています。しかし「手伝い」としてではなく、家族の一員である自分にできることを自分の仕事として「分担」し、家事をみんなで分かち合って暮らす、そんな家族の姿も見られるようになりました。タクミ君、「家事は女の仕事」なんて言わずにお母さんを気遣うことができるのは素敵だな。あとは、実践力アップが課題です。これまでに学んだ家庭科を思い出して、自分の「仕事」として何か家事に取り組んでみましょう。

オレ，保育士になりたい!!

高校生タクミの場合

おなやみ相談

男の保育士って
…そんなに変かな？
変じゃないわよ
だよね!?
ただね
保育士はあんまりお給料上がらないって聞くし
将来家族ができたときのことも含めて
しっかり考えたほうがいいわよ
…家族？
家族なんて…
ぶわっ
まだ彼女もいないのに考えられないよっ!!
あっ
なんかゴメン…

「男の仕事」？「女の仕事」？——職業とジェンダー

あーあ、ひどく落ち込んでいますねタクミ君。なりたい職業が「女の仕事」だなんて言われちゃったら、どうしたらいいかわからなくなるよね。なぜ友だちは、保育士を「女の仕事」だなんて言うんだろう？　あなたはどう思いますか？

実際に世の中には、男性が多数を占めている職業と、反対に女性が多数を占めている職業があります。例えば、大型トラックの運転手やエンジニアには男性が多く、保育士や家庭科の教員、看護師などは女性が多い職業です。だからといって、これらの仕事が「男の仕事」であり「女の仕事」だと決まっているわけでは決してありません。しかしこれらの職業は、歴史的・文化的に女性と男性を様々に区別してきた社会的差別(ジェンダー規範)の影響を受けてきました。女性の進出が阻まれたり、男性にとって資格取得を可能とする機関が少ないがゆえに、その職業で必要とされる専門性を身に付けられないといった制度上の壁の存在によって、一方の性別にとって乗り越えなければならない高いハードルがあります。その結果として、実際にその仕事に就いた人々の男女比に偏りを生じさせていると考えられます。

どのような職業を選ぶのかということは、「あなた自身」に何が向いているのか、という個人の特性や能力に応じた判断に基づく選択です。「女性はやっぱりこうでなくては」とか「男性ならこうあるべき」といった固定観念が、あなたの可能性を狭め閉ざしてしまうことのないように、「自分らしさ」はどこにあるのか、しっかり見つけて欲しいと思います。

ところで、「女の仕事」と考えられてきた仕事は、家で行われる家事の延長のように見なされ、労働としての価値を十分に評価されず、賃金が低い傾向があります。タクミ君のお母さんの保育士の賃金についての指摘は、その一例です。でも、お母さんの言葉には、もう一つの「男の仕事」についての意味が含まれていますね。あなたはこのことに気付きましたか？

お給料が上がらない、ということに関わって、お母さんは「将来家族ができたときのことも含めて」しっかり考えたほうがいい、と言っています。「将来家族ができた」とき、「夫・父親」が働いて稼ぐことのみを想定していたら、彼らの給料が上がらないのは、その家庭にとって大きな打撃ですよね。でも、「夫・父親」のみでなく、「妻・母親」も働いて、二人分の給料で生活していくということになれば、暮らしぶりもだいぶ変わってくるのではないでしょうか。

タクミ君には、「信じる道を進んで大丈夫だよ」と伝えたいな。あなたも、「らしさ」に囚《とら》われないで、あなた自身にとってやりがいのある生き方を見つけてください。

親友の恋愛に納得がいかない

高校生ナナコ（17歳）の場合

おなやみ相談

うわー すごーい サクラ 愛されてるねぇ
??
エヘヘ
えっ… でも それってさ
束縛されてるっていうか…
サクラは嫌じゃないの？
いや～ 恋愛に多少の束縛は必要でしょ？
ナナコも 彼氏が できれば わかるよ～
ピンポーン ピンポーン
え――？
あっ彼氏に呼ばれちゃった
ごめん 私行くね
え――？
なんか
いろいろ納得 いかないんです けど――!!

「愛」という名の暴力に陥らないために——好きだからこそ信じよう

あなたには、彼氏や彼女がいますか？　「いる」という人は、このサクラさんのように、相手からのいろいろな要求を受け入れるように、努力したりしていますか？　本当はいやなんだけど、仕方なく、相手の言うとおりにしている、そんな経験はありませんか？　サクラさんは、「恋愛に多少の束縛は必要」だと割り切っている(諦めている？)みたいだし、ミカリンも、「サクラ愛されてるねぇ」と驚きつつも感心している様子。納得がいかないのはナナコさんだけど、何がどうおかしいのか、うまく説明できないみたい。自分と付き合っている彼氏や彼女の言うことは多少我慢してでも「受け入れて当然」なのかな？

では、ちょっと見方を変えてみましょう。あれはだめ、こうしろ、といろいろ彼氏や彼女があなたに言ってきたとします。その時の彼氏・彼女の気持ちを考えてみてください。なぜ、あなたにそういうことを言うんだろう？　「携帯を必ず見せ合う」とか「メッセージには三〇秒以内に返信する」というルールは、相手が今すぐに応じてくれなければ不安だという気持ちの表れですよね。相手がどこで何をしていようと、自分と強い愛の絆《きずな》で結ばれていると思えれば、いちいち相手の行動をチェックしたり確認する必要はないでしょう。なんでも確認して自分が把握しておかなければ心配という気持ちは、私には愛情というよりも二人の関係に自信がない、という気持ちの表れに思えてしまう。自分に自信がないから、相手がいつも自分を気にかけていてくれるように、「愛」という名のもとに束縛しようとする…それって「愛」なのかな？

　相手のことが好きだからといって、相手の交友関係について探ったり、相手の携帯電話の履歴をチェックしたりするのは、相手のプライバシーを侵害する行為で、相手に精神的な苦痛や負担を与えるデートＤＶ（恋人間の暴力）に相当します。サクラさんは今はまだ「愛されてる」と思っているかもしれないけれど、この状態が続くと、彼氏の顔色をうかがい、嫌なことであってもやめて欲しいとは言えずに、無理をして彼氏に合わせようとするでしょう。このような、脅迫とおそれや不安に基づく関係は、もはや愛情に基づく関係とは言えません。

　好きになった者同士がお付き合いする中で、それぞれが異なる世界を持ちながら、同じ方向を向いて対等に歩んでいけるような信頼に根差した関係こそ、愛ある関係と呼ぶのではないでしょうか。自分と相手は、それぞれ「異なる人間」なのだという、当たり前のことをわかって欲しい。相手が今どんな気持ちなのか理解しようとするところから、二人の愛を深めるための第一歩が始まります。サクラさんの彼氏には、サクラさんの本当の気持ちに気付いて欲しいな。

コラム

あなたらしい人生はジェンダーを超えて
――家事・育児と仕事をめぐる課題

あなたが主人公となる人生のステージとして仕事と家庭の二つを位置付けたとき、自分がそれぞれに対し、どのように関わっていくのかによって、ライフプランが大きく異なってきます。固定的な性別役割分業意識が根強かった時代には、考える余地もなく、女性が家で家事・育児を担い、男性は一家の大黒柱として収入を得るために働く、それが当然だとみなす社会通念がありました。しかし、性別を根拠に生き方を規定することが差別だと認識されるようになり、学校教育においても、女子のみ必修の科目であった高等学校家庭科が男女共に学ぶ教科へと、制度上変化したのが一九八九年のことでした。高等学校の現場では、一九九四年の新入生から男女必修の家庭科が始まり、今に至ります。

男だから・女だからこうでなければならない、というジェンダー規範に縛られるのではなく、あなたの個性・能力に応じてどう生きていきたいのかを考えて実現に向けて進んでいく、そんな時代に変わった…少なくとも、社会の大きな枠組みとしては、変わってきたはずでした。しかし、現実はどうでしょうか？　無意識のうちに社会的・文化的に形成された性別（ジェンダー）の影響を内面化し、物事を考えてはいませんか？「女性の生き方」「男性の生き方」の「当たり前」によって、あなたの人生の決断が揺らいだり、諦めを感じたりすることはないでしょうか？

二〇一五年八月二八日に「女性の職業生活における活躍の推進に関する法律」が成立し、同年九月二五日に「女性の職業生活における活躍の推進に関する基本方針」が閣議決定されました。この基本方針は、働きたいと思いながらも実現できずにいる女性たちを社会的に支援しようとするものなのですが、一つ気にかかることがあります。同基本方針の中でも触れられている、「男性の家庭生活への参画」がどのくらい進展するのだろうか、と。男性自身の意識や社会のシステムが変わらなければ、どれだけ女性を応援しても事態は変わらないと思うのです。女性の社会進出が話題になることは多いけれど、その一方で、「男性の家庭生活への参画」は、なかなか進んでいないように思います。近年、「イクメン」という言葉を耳にするようになり、保育園の送り迎えをする若いお父さんの姿も珍しくはなくなってきて、確かに世の中は変化してきていると思うけど、実際には、どうなのでしょうか。

二〇一二年に実施された国際比較調査の結果は、現在も日本では、個人が「自分らしい生き方」を選択する上で、固定的な性別役割分業が影響を及ぼしていることを示唆しています。「自分のほうが配偶者よりも収入が多い(自分だけ収入がある＋自分のほうがかなり多い＋やや多い)」と回答した割合をみると、日本は男性では最も多い割合を示す一方で、女性は最下位です。また、フルタイムで働く人の一週間の家事時間を見ると、日本では男性は五時間未満が圧倒的多数であるのに対し、女性は二〇時間以上家事を行っている人が六割を上回っています(図1)。共働きであっても、日常的に家事を行うのは女性という傾向が顕著であり、これは他の国々と比較しても突出しています。以上のデータは、「男性は仕事、女性は家事・育児」という性別役割分業が家庭生活の中で根強く残っていることを示す結果となっています。

この数値が意味していることは、男性個人の問題というよりも、日本社会に潜在化しているジェンダー文化…つまり、男性は一家の大黒柱であることを当然とみなす空気が今日もなお蔓延し、社会の様々な制度もそれを前提につくられている、ということだと考えられます。

働いて収入を得て、生活を成り立たせていくという日々の営みは、性別の縛りによって

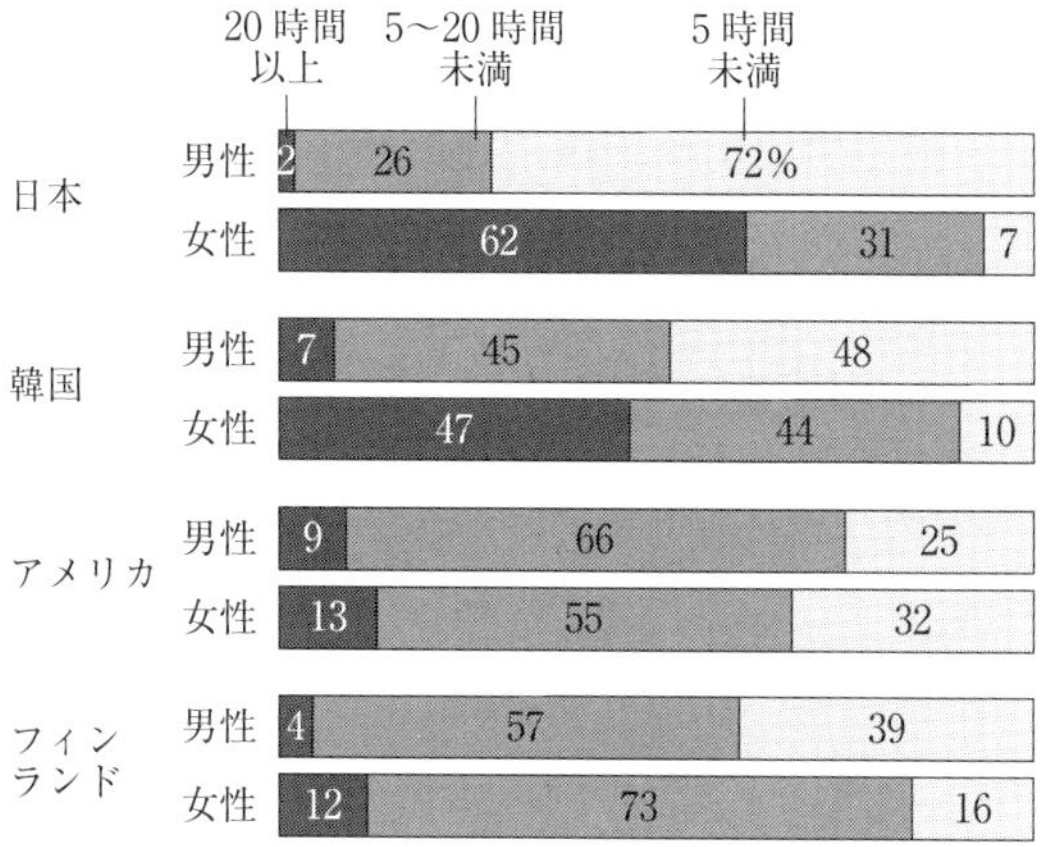

図1　フルタイム勤務の人の1週間の家事時間
(出所)『放送研究と調査』第65巻12号(2015)10頁/NHK放送文化研究所

はじめから仕事や家庭へのシフトの度合いに強弱が決められているものではありません。一人ひとりが自分の価値観で、一緒に暮らす人々との関係の中で、協力し合い、互いのことを思いやりながらその家庭に合ったやり方で営まれていくものだと思います。

家庭科は、一人ひとりが自立して生きるすべを身に付けるための教科です。今、高校生のあなたは、小学校から高等学校までこの教科を学んできています。取り上げられている内容は、家庭生活の営みそのものに関わる知識や技術、そして生活を成り立たせている背景となる制度や、社会のあり方について展望するヒントとなる事柄です。家庭科を学ぶということは、女性も男性も輝ける社会の実現のために、基盤となる生活と向き合い、人生の足場を固めていくことにほかなりません。これからの時代を生きる人たち誰もが皆、一人ひとり輝いて生きていけるようになるために、この教科が世の中でもっと重視されるべきだと私は思っています。単なる机上の知識ではない、自分自身のこれからの暮らしの中に活用できる知識や技術、そして暮らしの哲学が、この教科の本質なのですから。

性別役割分業が「当たり前」だった時代には、稼ぎ手である男性と家事・育児の担い手である女性がセットとなって、生活が成り立っていました。お互いに不足しているところを補い合って一つになる、という考え方ですね。でもこれからは、自立した二人が共に暮らすことによって、一たす一が二以上になるような、プラスアルファの付加価値を生むような生活を目指していって欲しいなと思います。あなたには、仕事か家事・育児か、の二者択一ではなく、仕事をして社会の中で自分の力を発揮し、家庭においては安らげる空間で生活を楽しめるような、そんなトータルな人生設計を目指して欲しいと願っています。

2章

人生はどう始まり，どう終わる？

妊娠って一体なに?

高校生ユウタ(17歳)の場合

おなやみ相談

はーい
びゅんっ
オレやりますっ！
？
ガラガラ
え…？そう？
宅配便を頼むよ～
はーい
フー
ドサッ
運びます運びます
僕が運びまーす！
ズザザザザザ
ユウタくん…？どうしたの？
大丈夫？
わからない…
妊娠中何をどう気をつければいいのかが
まったくわからない!!
ゼー
ゼー
ピッ
お 沖縄まで4千5百円です
埼玉までじゃ！
ハーハー

ちゃんとわかってない大人も多いんだけどねぇ！

「安定期」だとか「妊娠中だから気をつけてあげてね」なんて言われても、「何に？」「知らないし…」と思う中学生や高校生、結構いるんじゃないでしょうか。じゃあ大人はみんなちゃんとした知識を持っているのかというと、残念ながら自分やパートナーの妊娠がわかった時点で、一生懸命知識を仕入れて生活に気をつけるようになる人が大半で、身近で経験する機会がないと、まったくわからない人が多いのが現状です。

それはそれで仕方がないのですが、本当は、「まだまだ先の話」と考えがちな一〇代のうちから知っておいたほうがいいことが実はたくさんあるんです。なんて偉そうなこと言ってるけれど、僕も中高生の頃は妊娠や出産のことなんて全然わかっていませんでした。わかってきたかなと思えたのは自分に子どもができた時で、本当に理解できたのは家庭科の先生になって、いろいろ勉強するようになってからです。何事もなくやってこられたのは奇跡だったんだと、今になるとわかります。

例えばあなたは性感染症についてどれくらいの知識を持っているでしょうか。性感染症は妊娠・出産にとって最大のリスクの一つです。最近、若い人たちを中心に感染者が増加傾向にあると言われています。避妊のことも含めて、信頼のおける情報源からきちんとした知識を仕入れて自分の身を守ると共に、将来、自分の子どもになる存在の身も守って欲しいと思います。

また、あなたは妊娠を望むカップルの六組に一組が不妊症(不妊の原因は男女ほぼ半々)だということは知っていますか？ 身体面から見た場合、妊娠・出産には適齢期があって、男女とも二〇代で産むのが一番理想的(三〇代以降の妊娠はリスクが高くなる)ということは？ そして一〇代で妊娠した人の六割が中絶しているということは知ってますか？ 現在、不妊症や低出生体重児は増加傾向にありますが、その原因もいろいろあると言われています。飲酒・喫煙は、妊娠中は避けるべきものとして知っている人が多いと思いますが、精子や卵子の段階での悪影響も心配されています。過度のダイエット、体を冷やすこと、ストレス、悪い姿勢なんかも良くないそうですよ。

ということで、身近に妊婦さんなどがいたらそれは大きなチャンスですね。漫画のユウタ君はわけのわからないままに気を遣って、勝手に疲れ果てていますが、いろいろ教えてもらうといいですよね。生きた知識は、自分にその時がやってきた場合、最も参考になります。そして、今できる最大の準備は、健康に気をつけ、元気な体つくりをめざすこと！

赤ちゃんの気持ちがわからない！

高校生ミカリン(17歳)の場合

ふ…ほぎゃ〜
あれ〜？どうしたの？
よしよし ミルクかな？
ほぎゃ――
違うの？おむつ？
ほぎゃ――
…はくさくない…？
ほぎゃ――ほぎゃ――
アレ？
眠いの？
ほぎゃ――ほぎゃ――
おもちゃ？
ほぎゃ〜〜
ほぎゃ〜〜
イラ
どうしてほしいのよ〜〜〜〜!!
イラ
イラ
あらら
ほぎゃ――
泣いちゃった？
ほぎゃ〜
ピタッ
ごめんね〜大変だったでしょ？
ううん
私 赤ちゃんだーい好き…
だもんっ
ゼー
ハー

わからなくて当たり前だと思います

赤ちゃんって、一般には生まれてから一歳くらいまでのことを言うんだけど、その間にものすごく成長します。生まれてすぐの赤ちゃんと一歳児はベツモノと言ってもいいでしょう。例えば体の大きさです。赤ちゃんは平均すると、身長約五〇センチ、体重約三キロで生まれてきますが、一年後には、なんと、身長は約一・五倍、体重だと約三倍になります。中高生にはとてもまねのできないスピード感あふれる成長ぶりですね。

それだけじゃなくて、座れるようになったり、ハイハイを始めたり、早い子だと歩き始める子どもまでいます。例えよちよち歩きでも、一人で歩いている姿を目にすると、赤ちゃんというより、もはや「幼児」と呼ぶほうがふさわしいかもしれません。他にも、指さしやちょっとした身振りなら使えるようになるし、簡単な言葉なら理解し、自分でパパ・ママなどの一語文を話すようにもなります。いやあ、まったく赤ちゃん恐るべしですね。

漫画のミカリンは赤ちゃんが大好きなようですが、お母さんがそばにいなくなった途端に泣き出されてしまい、気持ちが揺れています。というか、赤ちゃんと気持ちが通い合わないという現実に直面して、ショックを受けていると言ってもいいでしょう。でも、それでいいのです。それが当たり前なんです。えっ、どうしてかって？　視点を変えて、赤ちゃんの側から考えてみましょう(あなたも生まれたばかりの赤ちゃんの気持ちになってみてください)。

赤ちゃん(あなた)の最大の使命はなんですか？　そう、とにかく生き延びることですね。この世の中を生き延びて、無事にサバイバーとなり、自分の命を全うすることです。人間も動物も命の基本は同じです。では、生き延びるためにもっとも大切なものは？　そう、言うまでもなく、「安全」と「危険」を見分ける能力ですよね。

赤ちゃん(あなた)の安全を守ってくれる人は誰ですか？　お腹がすいたとき、おむつが濡《ぬ》れて不快な時、すかさずやってきて世話をしてくれる人は誰ですか？　たくさんいる人の中から、「その人」を見分けられるようになることは、赤ちゃん(あなた)にとって死活問題です。

この、赤ちゃんと特定の人との間に築かれる精神的絆のことを「愛着(アタッチメント)」と言います。この世で生き延びてゆくための大切な大切な足掛かりです。最初に一人の人と「しっかりとした愛着」が築ければ、その後も「安定的な関係」をつくりやすく、最初の愛着形成が不安定だと、その後築かれる人間関係も不安定なものになりやすいと言われています。

ミカリンへの人見知りは、赤ちゃんにとってとても大切な「お仕事」というわけです。

お姉ちゃん，ほんとに子どものこと考えてるの？

タクミの姉マユミ（29 歳）の場合

おなやみ相談

やらせすぎじゃない？
イマドキ普通よ
小さいうちからいろいろ経験して
カイトには素敵な大人になってもらわなくちゃ！
…まーいーや
カイトサッカーやろうぜ
うん！
今ケガすると困るからサッカーはやめて！
あと遊ぶなら着替えないと…
チェックのシャツにしなさいね
……
…なんだかなぁ

答えはカイトくんの顔を見ればわかる！

ホント、つまんなさそうな顔してます。お母さんは気付いてない？　まさか一番長い時間一緒に過ごしていて、そんなはずはないと思いますよ。カイトくんがうれしそうな顔を見せるのは、タクミくんにサッカーに誘われた一瞬だけですもん。それがすべてを物語ってます。

でも、お母さんもけっして悪い人だというわけではありません。むしろ、「素敵な大人になってもらわなくちゃ！」と、子育てに一生懸命ですよね。でも、なんとなくカイトくんの気持ちとかみ合ってなくて、「このままだと、思春期の反抗、ハンパなく大変なことになるんじゃないの」なんて、他人事なのについ余計な心配までしてしまいます。

原因、わかります？　そう、その通り。「素敵な大人」です！　よくわかりましたね！　えっ、話が全然見えませんって？　あれ、おかしいなぁ。中高生ならすぐにわかると思うんだけど。あ、もしかしてあなた、まさか「大人」？

例えば「素敵な大人」ってどんなイメージでしょう。カイトくんのお母さんは、芸術のセンスがあって（ピアノ）、世界で通用し（英語）、スポーツができ（スイミング）、頭の回転が速い

(そろばん)人なんていいんじゃないのと考えているのかもしれません。確かに、現時点では「良さそう」です。とてもモテそうです。でも、カイトくんが大人になる二〇年、三〇年後も同じでしょうか(三〇年前の「素敵な大人」は、今はただの「昭和チックな人」かも。トホホ)。

大人と子どもが住んでいる世界は同じですが、大人が見ている世界と子どもが見ている世界は違います。大人がイメージできるのはせいぜい流行の最先端、トレンドどまりですが、子どもたちの目は「未来」も見ているからなんですね。

「未来」の本質は、不確定性、流動性ですから、下手に小さく固まらないことが大事です。ところが、親はすでに数十年もこの世の中で生活してきてしまっているので、ついつい「世の中はこんなものだ」と断定的かつ固定的なものとして捉《とら》えがちです。それが悪いわけではないのですが、親の思う「理想」を子どもに押し付けると、子どもの「未来をつかみ取る力」が損なわれてしまいます(伸びようとするのを押さえつければ反抗するのは当然ですね)。

もちろん、子どもにいろいろな経験を保証するのは大切なことですが、子どもと相談することなく、親が一方的に選んでしまうと本当の力になんかなりません。子育てとは、親が子どもの自立を支援することです。子どもが本来持っている力を信じることから始めましょう。って、いつの間にか大人に対する説教になってしまいました。僕もまだ若いなあ。

じいちゃんがめんどくさい！

高校生ユウタの場合

オレ…バナナ嫌いなんだけど
何!?
じいちゃんが若い頃はな！
バナナは高級品だったんだぞ！
——それが
今はこんなに安くなって…
逆にその辺の庭になってたビワやイチジクのほうが高い
不思議なもんだなあ…
……
へえ…
だからな！
バナナが嫌いなんてとんでもないぞ！
だいたいおまえは…
ブツブツ
ブツブツ
あ〜やっぱりうるさい

「めんどくさい」からこそ深いところでわかるのかも

「うるさい」とか「めんどくさい」とか、心の中で文句を言いながらも、ユウタくん、ちゃんとおじいちゃんに付き合ってます。口うるさいというか、口の悪いおじいちゃんで、気配りとか遠慮なんてまったくありません。それなのにユウタくんは畑仕事も手伝うし、おじいちゃんの思い出話にもちゃんと耳を傾けています。ユウタくんっていいヤツですねぇ。

あなたにはおじいちゃんやおばあちゃんはいますか？　好きですか？　それともちょっと苦手？　どんな人かにもよるし、相性もあるし、一緒に住んでるか、たまにしか顔を合わさないかでも違ってくるかな。やっぱり人間同士ですもんね。

では、ここでちょっと趣向を変えてあなたへの質問です。あなたはどんな高齢者になりたいですか？「えっ〜、考えたこともない」ですって。まあ、そうでしょうね。

でもね、あなたもいつかは高齢者になります。いいえ、なります。なるんです！　早く死ぬなんて言ってる人ほど長生きするんです！　そう、あなたのことです。

毎年平均寿命と一緒に発表される「寿命中位数」っていうのは知ってますか？「生まれた

子どもの数が半分になる年齢」ということで「中位数」となっていますが、別の言い方をすると「二人に一人はその年齢まで生きます」という意味です。ちなみに、二〇一四年の寿命中位数は、男→八三・四九歳、女→八九・六三歳でした。毎年少しずつ伸びています。

今の高齢者たちだって、若い頃は長生きするなんてたぶん考えていません。みんな気が付いたら高齢者になっていたんです。でもね、彼らの多くは子どもの頃に高齢者と同居していました。また、近所の高齢者との触れ合いも、今より濃密だったと聞きます。彼らの中には「歳をとることのイメージ」が漠然とだけれど形成されていたといえるでしょう。

あなたはどうでしょう。自分がモデルとすべき高齢者が身近にいますか？　あるいは反面教師になるような人は？　漠然としたイメージを持つだけでも大切ですよね。

「人は生きてきたように歳をとる」といいます。急に高齢者になる人なんていません。人生の一瞬一瞬の積み重ねが、自分という人間を形づくってゆくのです。人生の各年代でいろいろなことを経験しますが、その経験を活かすも殺すも自分次第。人生ってめんどくさいんです。

でも、いろんな高齢者を観察したり、仲良くなったり、友だちになれたら、めざす人生の方向が見えてくるかもしれません。ということで、まずはユウタくんを見習って、おじいちゃんやおばあちゃんと触れ合うことから始めてみてはどうでしょう。チャンスだと思いますよ！

おばあちゃんへの接し方がわからない…

高校生ナナコの場合

そう言ってほとんど食べないんだから…
ハーー
あれじゃますます元気出ないわよ
こんなに一生懸命お世話してるのに…
わからないのかしら!?
お母さん…
おばあちゃんは
幸せじゃないの？
どうしたら
おばあちゃんとうまくやっていけるの？

「お世話」から「介護」で元気を引き出そう！

突然ですが、あなたは毎日の生活の中で何を張り合いにしていますか？　勉強？　クラブ？　趣味？　遊び？　なんにせよ、それって自分でやってることですよね。まさか、「誰かにやってもらってることを張り合いにしている人」なんていませんよね。例えば、「お父さんに洗濯してもらうのが張り合いだ」とか…。

ですよね。自分でやるから張り合いになるんですもんね。漫画の中のナナコさんのおばあちゃん、張り合いなさそうです。つまらなそうです。眼差しが遠いですねぇ。

ナナコさんのお母さんは「こんなに一生懸命お世話してるのに…」と、ちょっとお疲れモードだけど、ナナコさんは「足が不自由になるまではずっと仕事をしていたし、趣味もいっぱいあった」のに「おばあちゃんは幸せじゃないの？」と冷静に現状を分析しています。まだ一七歳の高校生だというのに、なかなかスルドイ！

だけど、おばあちゃんが新聞くらい自分で「取りに行く」と言っているのに、「大変じゃない」といって、やってあげちゃってます。漫画をよ〜くよ〜く読み込んでみると、おばあちゃん、まだまだやれることはたくさんありそうですね！

例えば、自分で新聞を取りに行けるくらいだったら、杖《つえ》を使えば短い距離は歩けるかもしれませんね。それなら、少しの時間は立っていられるでしょうから、簡単な料理くらいならつくれるかもしれません。第一、ベッドに座れるのなら、一人でベッドで食事しなくても、ナナコさんたちと一緒に食べればいいのにと思いません？

きっと、おばあちゃんにも「病気」の時期があったんでしょう。そのときには、できるだけ早い「回復」を祈って「安静」にしてもらっていたんだと思います。でも、もうその時期は過ぎたようです。「安静」よりはむしろ「動くこと」、生活の中で使える部分を積極的に使い、リハビリを通じて健康の維持や回復を考える時期に来ています。ずっと一緒に生活している家族には、その切り替えが難しいんですね。

介護の基本は、やれることはできるだけ本人にやってもらい、できない部分について最小限の援助を行うということです。本人の持っている力を最大限引き出して、体力の維持・向上をめざすと同時に、生活に張り合いを感じてもらうことを意識しているんですね。もし自分がケガをして同じ立場になったとしたらと考えると、何をすればいいか、何をしてはいけないかが見えてくるかもしれませんね。

コラム

素敵な自分を見る方法

「一番わかっているようでいて、一番わかってないもの、な〜んだ?」――「自分自身」なんていう、なぞなぞがあったかどうかは知りませんが、言われてみるとそうだよなあと思うのがこの手の言い回し。あなたはどれくらい自分のことがわかっていると言えそうですか?

最近、「自己像」とか「セルフイメージ」なんていう言葉をよく耳にしますが、誰かに、「あなたの自己像は?」とか「セルフイメージは?」と尋《たず》ねられたとき、うまく表現する自信はあるでしょうか。あるいは、学校の先生などから、「面接試験では必ず〝自己アピール〟を要求されるから、しっかりしゃべれるように準備しておきなさい」なんて言われて、自分のことをうまく伝えられる自信は?

僕は、自慢じゃありませんが、半世紀以上生きてるので、セルフイメージでも自己アピールでも、言えと言われたらそれなりにしゃべることはできます。でも、自分について何を話しても、どんな説明をしても、「うまく表現できた」とか「十分に伝えられた」なんて思ったことは一度もありませんし、たぶん、これからもないだろうと思います。逆に、なんとかわかってもらおうとして言葉を重ねれば重ねるほど、なんだか自分以外の誰かのことについてしゃべっているような、ヘンな気分になってきます。やっぱりどこか違うんですよね。

みなさんも同じようなもんじゃないでしょうか。「あなたの性格は?」って言われても、その日その時の気分や体調で、優しかったり冷たかったりするし、「趣味はなんですか?」って聞かれても、映画を見たい日もあれば音楽を聴きたい日もあって、一体「どの」自分のことを話せばいいのか、真面目に考えれば考えるほどわからなくなってきてしまいます。

でも、自分が周りの人を評価しているときのことを思い出してみると、逆に、笑ってしまうほど適当だったりしません? 周りの人だって、時々刻々《じじこっこく》と変化の中にあって、とても複雑で簡単には表現できない人たちのはずなのに、「あの子は優しい」とか「あいつは面白い」とか「頭が切れるヤツだ」とか「ゲームオタク」など、自分の印象に残る一面だけを取り上げて、めちゃくちゃ単純な人物であるかのように描いていたりしますよね。でも、それで別におかしいとは思ってません。無責任というか、いい加減というか、自分のことを考えるときと比べたら落差がありすぎて、かえって不思議な気もします。

でも実は、「自分のセルフイメージを描きたい」とか「自分を他者にわかってもらいたい」と考えるとき、一番頼りになるのが、この無責任な「周りの人の目」なんですよね。

もちろん、「他人の目」は無責任ですから、あなたに関して、実に適当な、本当にいい加減な像を結びます。一人、二人の目の中に描かれたあなたの像は、あなたが本来自分の姿と考えている自己像とは、程遠いものかもしれません。しかし、何百人何千人の目が結んだあなたの像を寄せ集めてきたらどうでしょう。たとえあなたが否定しようとも、きっと、それはもはやどうしようもなく「あなた自身」だろうと思います。

僕たちは自分の背中を見るとき、鏡などの力を借ります。背中どころか、自分という人間の在り方を最も主張している「顔」でさえ、鏡がなければ自分で見ることはできません。

気持ちや性格、人となりなどという、自分の内面を見ようとするときも同じなんです。「他人の目」という、自分を映してくれる鏡がなければ正確に見ることはできません。けれどもそれは、一人や二人の目が映すゆがんだ鏡では話になりません。できるだけたくさんの目を通して見なければ、本当の姿には近づくことさえできないのです。

僕は、大人になるということは、他人の目を通じて自分を見るという経験をたくさん積み重ね、ある程度自分を客観視できるようになることを言うのだと考えています。人の目を通じて自分を見るということは、相手が自分のことをどう思っているかを推測するということです。周りの人の気持ちに敏感でなければとてもできない作業です。

人間は社会的動物です。人と関わること抜きに自分を知ることはできません。つまり、たくさんの人としっかりと関われたとき、自分の人生が見えてくるということです。どんなふうに生き、どんなふうに終わらせたいか、具体的な道筋が浮かび上がってくるのです。

そんなこと無理って？　いえいえ、まずはいろんな人に興味を持ちましょう。「他人だから関係ない」などと考えたりせず、赤ちゃんでもお年寄りでも、おはようの挨拶をする近所のおばさんでも、みんなみんなあなたを映してくれている貴重な鏡なのです。自分から積極的に関わっていき、できれば笑顔を返してもらえるようになりましょう。なぜなら、相手の笑顔の中には、あなたの「素敵」が映っているからです。

3章

家族って何だろう？

家族って何？

和子おばあちゃん（80歳）の場合

おなやみ相談

夫に先立たれて ずっと一人暮らし
都会で働く子どもたちは 盆と正月以外 音信不通
倒れている私を見つけてくれたのも
病院に連れて行ってくれたのも
お隣に住むAさん一家だった
そうだ 畑の野菜 またもらってくれる？
やったー！ 食費がうく～～！
血がつながっていれば家族なのかしら？
ほとんど会わなくても家族といえるのかしら？
家族って 一体 何なのかしら？

「家族」って何？――家族に望むものとは

最初にあなたに質問です。あなたにとって「家族」の範囲を挙げるとしたら、そこにはどんな人（人以外もＯＫ）が含まれますか？　いろいろ挙げることができたかな？　じゃあもう一つ、質問します。今挙げた「家族」に当てはまるとあなたが考える範囲に共通して言えることはありますか？　なぜあなたは、その集団を「家族」と呼ぶんだろうか。

一人暮らしの和子おばあちゃんの子どもたちは都会暮らしでそれぞれ忙しく、普段は音信不通状態。それでも元気なうちは何とかなってきたけれど、もう八〇歳になって、「元気ハツラツ」とは言えなくなってきた。時には具合が悪くなり、一人では不安なこともある…。そんな時、身近で頼りになるのは、お隣のご一家なんだね。もちろん、血のつながりはない、ただのご近所さんなのだけど、自分のことを気遣ってくれて、会えば会話がはずみ、畑で採れた野菜をあげれば喜んでくれるから、気持ちが通じているって思えるんだろうな。和子おばあちゃんにとっての「家族」って、遠くにいる子どもよりも近くの他人、って感じなのかな？

ところで、「家族」って、そもそもその発端は、他人同士の結びつきなんだってこと、考えたことある？　そう、あなたのお父さんとお母さんは、血がつながっていないんだよ。当たり前のことだけど、改めて考えてみると、家族は「血がつながっている」ことが必要条件ではないということになるね。それから、子どものいる二人が再婚してつくった「家族」の中で、新しくきょうだい同士になった子どもたちの血もつながっていない。そもそも他人同士がなぜ「家族」になろうとしたかってことに立ち返って考えてみると、「家族」であるための条件がわかるかもしれないよ。

世論調査の結果などでは、多くの人々が「家族」に対し、「心の安らぎ」を求めています。「家族」と呼べる関係は、自分にとって一番心の支えになる、安心できる関係なんじゃないかな。それは血のつながりとか法律上の結びつきを超えて、今の自分のよりどころとなる関係なのだと思います。そして、生まれてくる子どもは、自分がよりどころとする「家族」を選ぶことができません。生まれた「家族」から、自分が新しくつくる「家族」へ。あなたは今、自分が生まれた「家族」に様々な思いを抱いているかもしれないけど、あなたはこれから先、新しく自分の「家族」をつくりたいですか？　つくるとしたら、どんな「家族」にしたいと思いますか？　「家族」の形に正解はありません。あなたなりの「家族」を思い描いてみてください。

部屋が汚くて何が悪い！

高校生ユウタの場合

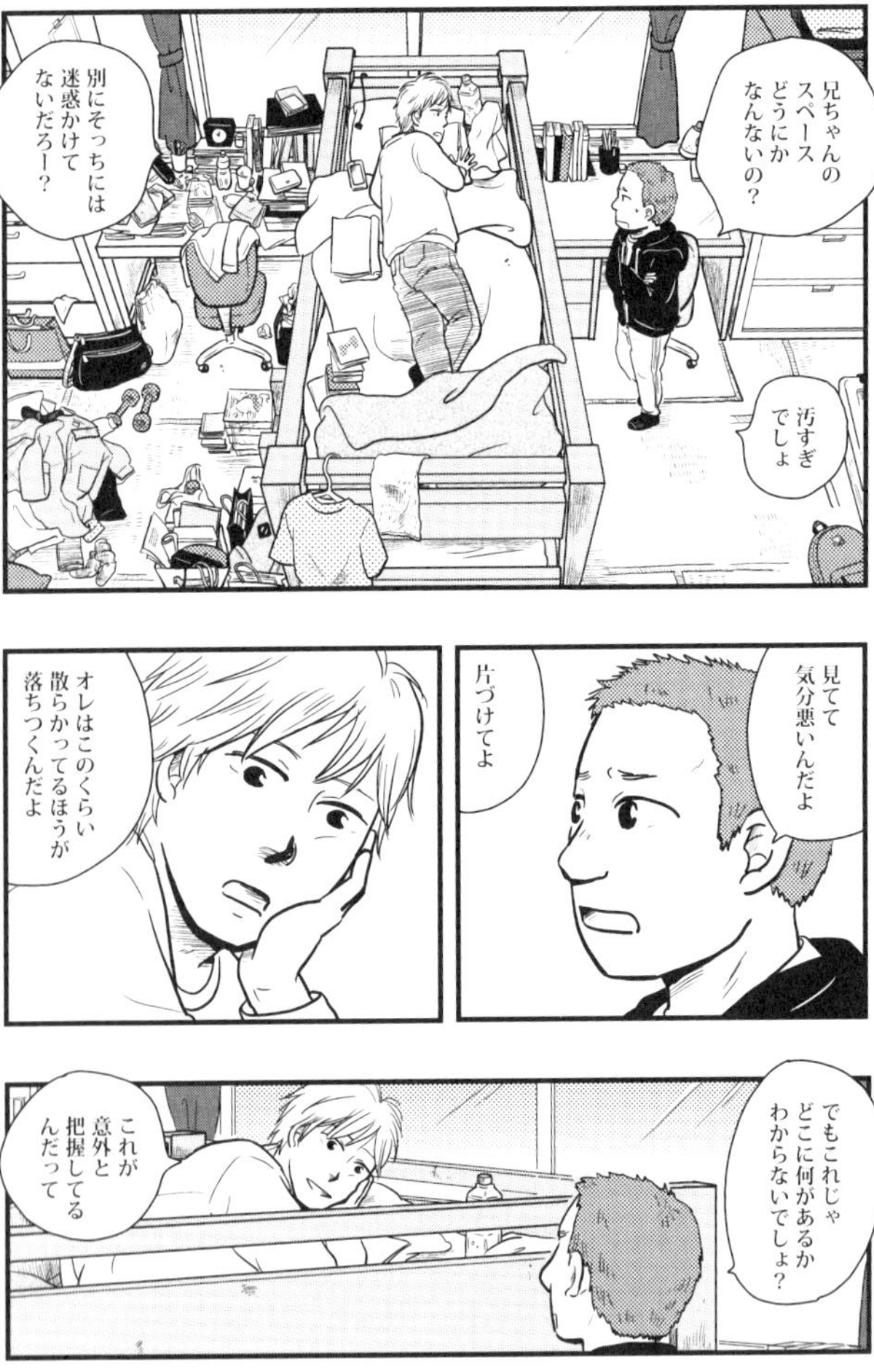

オレが貸した漫画！
机の上左側
生徒手帳！
本棚の引き出し一段目
携帯の説明書！
黒い紙袋の中
な？わかってるだろ？
部屋が汚くたって死ぬわけじゃないし
学校ではきちんとしてるし
ワナ
ワナ
やらないだけで出来ないわけじゃないし
それに――
パーン！
うるさーい！！とっとと片づけろ！！

閉ざされた汚部屋から開かれた快適マイルームへチェンジ！

部屋の片づけって、本当に面倒ですよね。家の中なんだから、そんなに毎日掃除しなくても汚れが目立つわけじゃないし…って、つい思ってしまうんだけど、あなたはどうですか？ なんとか口実を見つけて掃除をさぼりたくなるけれど、フローリングの床をよく見れば、ペットの毛が落ちていたり、拭《ふ》いてみたら思っていたよりも雑巾が汚れで黒ずんだりして、普段の生活の中で、家の中って結構、汚れるものなんだって気付かされます。

ユウタ君には弟と共同のマイルームがあって、二段ベッドがその境界線上にあるんだね。二段ベッドが二人のそれぞれのスペースの仕切りになっていて、ユウタ君にしてみれば、ベッドからこっちは「自分の領分」。好きにさせてよってところなんだろうな。…そうはいっても、ベッド越しに見えるスペースなのだから、隣のスペースを居場所としているきれい好きの弟君からしたら、お兄ちゃんのスペースのあまりの「汚さ」が許せない。「見てて気分悪い」って、かなり本気で嫌がっています。でもユウタ君は、「部屋が汚くたって死ぬわけじゃないし」と、まったく動じないものだから、弟君はじめ家族の怒り爆発！というわけ。でもユウタ君は、みんなの怒りをちゃんと受け止めているのかな…。「うっせーな…そんなに言うんだったら片づけてやるよ、片づけりゃいいんだろ?!」という捨て台詞が聞こえてきそうです。

私は、ユウタ君に一つ考えて欲しいことがあります。それは、ユウタ君は今、たった一人で暮らしているわけじゃない、ということ。弟をはじめとする家族が同じ家で暮らしていて、ユウタ君の生活はほかの家族の生活と共にある。つまり、「共に生活している」ということは、一緒に暮らしている者同士が無関心ではありえなくて、直接的・間接的に、互いに関わり合っている、ということなんです。そんなことないよ、一緒に暮らしていても、全然干渉しないし関係ないよ、という人もいるかもしれないけど、それはそもそも、「一緒に暮らす」という本来の意味が変質している状況なんだと私は思います。

「一緒に暮らす」ということは関わり合うことが前提で、関わり合うためには、「自分さえよければいい」というわけにはいかなくなるよね。生活の空間を共にする相手がいて、自分ばかりではなく相手にとっても快適な空間であることが、楽しい共同生活を可能にするのでしょう。あなたが誰かと一緒に自分たちの生活をつくっていきたかったら、自分だけの「汚部屋」は早く返上して、親しい人を迎え入れることのできる開かれた素敵なマイルーム、マイスペースにしていきましょう。そのほうが、「自分一人の城」より数倍楽しいと思うよ。

食事は家族そろってするもの？

高校生ミカリンの場合

バッサリ
だめよ～
え――!?
どうして!?
食事は食卓で家族そろってするものです
どこで食べたって同じでしょ? パパは一緒に食べないほうが多いし
うんうん
それはお仕事で遅くなるからでしょ
でも私だって…
だめなものはだめ～
え――!?

心を満たす食卓――食事には、栄養摂取以上の意味がある

高校生は、ほんと毎日忙しいよね。特に、この先の進路を考えるようになると、やらなきゃならないことが一段と増えてくる。大学進学を目指したら、真剣に勉強に取り組まなきゃならないし、塾に行く人もいるでしょう。まあこれは、高校生に限らず大人も同じで、現代人の多忙化は子ども時代から始まっている感じだけど…。

そんな毎日の中で、「食事」って、どんな時間なんだろう？　あなたの「理想の食事」っていうと、どんな風景が目に浮かびますか？　好きなものをおなかいっぱい食べられるような風景？　それだけじゃなく、家族や友だちなど、親しい人たちと一緒の和気あいあいとした場面かな？　あるいは、彼氏・彼女と二人のムードあふれるレストランでのフルコース？　そんなお金ないよっていう人は、好きな人がつくってくれた手づくりのメニューが並ぶ食卓、なんていうのはどうだろう？…いずれにしても、食事をするということには、ただおなかがいっぱいになればそれで満足、とは言い切れない、大切な意味があるような気がします。だからこそ、ミカリンのお母さんは、自分の部屋で一人で食事をしたいというミカリンに対し、にっこりほほ笑みつつ、絶対的な確信を持って「だめよ〜」と言い放ったのでしょう。

「だめなものはだめ〜」って、それ以上言わないけど、これはお母さんにとって、絶対に譲れない、家族としての信念なんだと思います。なんでそんなこと言うんだろうって？　それはね、きっとお母さんにとって、食事をつくること、そして食卓を囲んで家族みんなで食事をすることが、家族が「家族である」ために必要なことだと考えているからだという気がするな。

もちろん、ミカリンが言うように、帰宅の遅いお父さんはいっしょには食べられないことも多い。でもそれは、お父さんが望んでそうしていることでなく、やむをえないこと。塾や勉強を優先したい、というミカリンの考えとは異なります。

ミカリンはできるだけ合理的に効率よく、自分のやりたいように暮らしたいと思っている、その気持ちもわからなくはありません。進学を控えた高校生がこういうふうに思うのは、確かにそうだよね、って思える。でもね、家族と一緒に食事をすることって、この先何年続くと思う？　いずれミカリンも、あなたも、家族と一緒に暮らした家を離れ、独自の暮らしをつくっていくかもしれない。それはそう遠いことではなく、あと数年で実現するかもしれないんだよ。

お母さんは、家族が一緒にいられる「今・このとき」を大切にしたくて、食事が家族をつなぐ大切な場になっていると思っているんじゃないかな。

家族と仕事と…どう生きたい？

山田夫妻の場合

ずっと
って…
このままじゃ
からだ
壊しちゃうよ!
それに私も
そろそろ
仕事復帰
したいし…
オレだって
なんとか
したいけど…
うちの会社
みんなこんな
感じなんだよ
仕事をしながら
あたたかい家庭を
築きたい
ただ
それだけなのに
それが
どうしてこんなに
難しいの?

「家族も仕事も」と思っているあなたへ

山田夫妻の願いは、「仕事をしながら、あたたかい家庭を築きたい」ということ。それなのに、夫のリョウさんは仕事が忙しく、朝早く出て行って夜遅く帰ってくる毎日。かわいい盛りのミナちゃんと触れ合う時間は皆無で寝顔しか見られない日々…。妻は子どもの世話にかかりきりで、仕事に復帰したくてもできない。リョウさんは「何とかしたい」と思っていても、自分だけが忙しいんじゃなくて、会社で働いている人たちが「みんなこんな感じ」だって言うから、問題は根が深いな…と思います。

仕事をすることも、家で家事をしたり小さい子どもの世話をすることも、どちらも生きていくために・人が生きていけるようにするために必要なことで、誰かがやらなければならないことです。じゃあ、誰がやるの?と言ったときに、現実的に考えると、「やれる人がやる」ということになる。でも、それでいいんだろうか?

私は、山田夫妻の場合、二人に問題があるのではなくて、「仕事をしながらあたたかい家庭を築く」ことを困難にしている社会の状況、職場環境や働くことに対する意識の在り方に問題があると思います。日本社会は、一九六〇年代の高度経済成長の時代から、企業戦士として職場に人生を捧げる労働力を求めてきました。社会の経済復興の仕組みを維持・増進するために機能していたのが、性別役割分業というシステムでした。「夫は仕事、妻は家事・育児」という、性別によって明確に分かれた社会規範の存在によって、当時の中学・高校生は、女子生徒のみが家庭科を履修《りしゅう》していたんだよ。男子生徒は「技術」を学んだり、体育の時間が女子より多かったんです。当時の国の政策によって、教育の内容が性別によって異なっていた。これはそんなに昔の話ではなくて、あなたのお父さんやお母さんが高校生だった時代まで続きました。

でも今の時代は、「仕事も家庭も両立させたい」と願う人々が増えています。せっかくの一度きりの人生だもの、やりたいのにできない、って諦めてしまいたくないよね。一九九九年には男女共同参画社会基本法が制定され、固定的な性別役割分業の解消が言われるようになり、二〇〇七年には関係閣僚、経済界・労働界・地方公共団体の代表等からなる「官民トップ会議」において、「仕事と生活の調和(ワーク・ライフ・バランス)憲章」・「仕事と生活の調和推進のための行動指針」が策定されました。こうして、今日の社会では、ワーク・ライフ・バランスを図ることが目指されるようになりました。まだ始まったばかりだけれど、社会は変わりつつある。あなたたちの世代がつくる、これからの未来に期待しています。

結婚って何??

高校生ユウタの場合

おなやみ相談

…え？
けっ結婚？
そう
結婚！
式場はね！ずっと憧れてたところがあるの！
あと ウエディングドレスは Aラインもいいけど 私的には…
ちょ！ちょっと待って！
そんなこと急に言われてもっ！
ササッ
どうして？
ミカのこと嫌い？
うる
いや好きだよ!? 大好きだけど…っ
よかった〜
ホッ
ハイ 婚姻届ももらってきたよ！
うおぉぉぉ
オレはどうしたらいいんだ〜〜〜〜!!

結婚は恋のゴールなの？

ミカリンとユウタ君は、高校生になってから付き合い始めて一年たった、ラブラブカップル。学校で一緒、帰りも一緒で、「これからもミカリンとずっと一緒にいたいな…」とつぶやくユウタ君、とても幸せそう。相思相愛って、いいね。うらやましくなるね。ユウタ君の言葉を聞いたミカリンもすごくうれしくなって、「いつも一緒にいる」究極の姿として思い描いたのが、「結婚」！　ミカリンはユウタ君に「高校卒業したら結婚しようよ！」と明るく言うのですが、「結婚」という言葉を聞いてあわてたのはユウタ君。いつも一緒にいたいくらい好きなんだけど、だから「結婚」？　急に現実味を帯びてきた二人の関係を突き付けられて、ユウタ君はひたすら動揺しています。ミカリンは、「結婚」の幸せいっぱいなイメージが次々浮かび、妄想が止まらない！　ユウタ君の動揺にも気付かないようです…。

さて、二人の様子を見て、あなたはどう思ったかな？　なぜユウタ君は、「結婚」という言葉を聞いて、あんなに動揺したんだろう？　「結婚」によって、それまでの二人の関係はどう変わるのかな。

結婚とそれによって生じる婚姻関係は、法律によって規定される一つの契約です。これには二つの意味があります。一つは、現在の日本の法律の範囲内で二人の関係が守られる、ということ。そしてそれは、二人の間に義務と責任が発生するということ。つまり、あなた一人の判断で好きなように決められない、様々な共同の責任が発生するということです。相手のことが嫌いになったから別れたいと思っても、勝手に別れることはできないし、子どもが生まれれば、親としての責任が生じます。付き合っているときには、会えればうれしくて楽しくて、相手の素敵なところしか見えないけど、だんだん、相手のわがままや不機嫌な姿も見えてくる。時には納得できないようなことを言われたりするかもしれません。

「結婚」って、一緒に生活をつくる一つのきっかけに過ぎません。しかし、そのきっかけによって、自分たちが共に生きていくかけがえのないパートナー同士であるということを公表し、社会から認証されることになります。二〇一五年には、日本で初めて、同性カップルに婚姻と同等の関係であることを認めるパートナーシップ条例(渋谷区)や要綱(世田谷区)が制定され、同性のカップルが承認されました。こんにちの「結婚」の形・カップルのあり方は、一つではありません。結婚は恋のゴールではなく、二人が共に歩む人生のセカンド・ステージなのだから、ユウタ君とミカリンも二人でつくる未来の姿について、よく話し合っておきたいね。

コラム

新しい「家族」の形

ここに一冊の絵本があります。タイトルは『In Our Mothers' House』、訳して「母さんたちの家」。アメリカの絵本作家パトリシア・ポラッコによるもので、レズビアン・カップルの女性二人が国際養子縁組で迎えた三人の子どもと一緒に暮らす日々を、長女の視点から描いた内容です。子どもたちのうち、長女はアフリカ系、長男はアジア系、次女はヨーロッパ系のルーツを持ち、異なる文化的背景を持っています。この子たちを迎える「お母さんたち」は、人種の坩《る》堝《つぼ》のような多様な人々が暮らす地域に居を構え、医師として働きながら子どもたちを育てています。この一家を拒絶する無理解な隣人もいないわけではないけれど、地域に溶け込み、充実した生活を送っています。やがて「お母さんたち」が年老いてその生涯を終えてからも、楽しかった「お母さんたちの家」での思い出は永続し続ける…そんな物語です。

この絵本は、「家族」の本質を示唆しているような気がします。それは、心と暮らしのよりどころとなる関係。そして、次世代へと継承される「何か大切なもの」がそこにある、ということ。家族とは何かを問うときに、私たちが何をそこに求めているのかが、問われているのだと思います。あなたは、「家族」にどのようなことを望むのでしょうか。

　あなたは今この世に存在しているのだから、あなたにとって生物学的な父親と母親が存在しています。これはまぎれもない事実です。だけど、生まれてからのあなたがどのような人たちのもとで育てられ成長してきたかということについては、それぞれの形があります。そしてこれから、あなたがどのような人と関わって、自分(たち)の暮らしをつくっていくのかは、さらにいくつもの選択肢の中から、あなた自身が決定していくことなのです。今のあなたには想像もできないことかもしれないけれど、考えてみて欲しいな。あなたは何を大切にして、どんな暮らしをしていきたいのだろうか。

(『In Our Mothers' House』/Patricia Polacco/PHILOMEL Books/2009)

　今日の「家族」は多様化していると言われるけれど、本当にそうなのでしょうか。もともと人々のつながり・絆と呼べる関係性には様々な形があったのだと思います。近年になって、それまで社会的に認められずに切り捨てられて「家族」の範疇《はんちゅう》に入れられてこなかったものを「家族」と呼ぶようになり、その関係性を受容するようになった、というようにも考えられます。「家族」に対する私たちの見方が変化してきたのでしょう。

今日の日本では、民法第七三九条で、「婚姻は、戸籍法の定めるところにより届け出ることによって、その効力を生ずる」とあるように、婚姻届を提出することにより、二人の関係が法的に認証されることになります。こうした制度は国民の生活を保障するものであると同時に、一定の条件を備えていなければ社会的な恩恵の対象から排除されてしまうということを意味しています。夫婦別姓の可否が長い間論議されながらいまだ決着がつかないのは、「家族」を規定してきた戸籍の縛りが抜本的に揺らぐような変化をもたらす制度改編だからではないでしょうか。

夫婦が同じ姓を名乗り、子どもが生まれたらその姓を受け継いでいくという制度には、「家制度」の名残が感じられます。少子化で子どもの数が少なくなった今日において、誰が○○家の墓を守っていくのか、といった問題も起きています。こうしたニュースを耳にすると、その「家族」の歴史を「○○家」という概念やその象徴としてのお墓に込めているのだと思えてきます。

人は誰もが、自分の出生にまつわるルーツを持っています。でも、一番大切なことは、「今ここ」にあなたが存在しているという事実だと私は思うのです。歴史は常に前に進み、文化は新たに創造されるもの。新しい時代は、今までの時代の上に成り立っている。これは現在進行形で、常に移り変わっていきます。その中で、誰もが安心して幸せな暮らしを営みたいと願っています。その一人ひとりにとっての幸せを国家がどこまで保障することができるのかが、問われているのだと思います。

前述の絵本に描かれた同性カップルの生き方や養子縁組でつくる「家族」は、私たちが出会う現実でもあります。また、単独世帯の割合が上昇し続けています。二〇一〇年の国勢調査結果によると、家族類型として最も多かったのは「夫婦と子供から成る世帯」(二七・九%)を抜いて「単独世帯」(三二・四%)でした。五〇歳時の未婚率を意味する生涯未婚率は、男性二〇・一%、女性一〇・六%です。一割から二割の人々が確実にずっと一人で暮らしていくとしたら、若いうちからどのような準備をしておく必要があるでしょうか。

ところで、注意して欲しいのは、一人で暮らすということが必ずしも孤立を意味しない、ということ。はたから見れば「家族」と呼べる人々と一緒に暮らしていても、限りなく孤独を感じることだってあると思います。何がいいとか悪いとか、「家族」の形に約束された損や得などありはしないと思うのです。どんな形であっても、メリットとデメリットを内包し、折り合いつつ改善を目指して共に歩んでいくこと、それが答えのない今の時代の「家族」を生きるという意味だと思っています。

4章

衣食のジレンマ

ダイエット中，焼肉に誘われた！

高校生ナナコの場合

ごはん
きたよー
わ～
あ
私は
いらないから～
炭水化物は
太るもんね
ジュースの
おかわり頼んだ？
飲む？
頼んでないよ～
水太り
したくないし…
デザートの
寒天ゼリー
食べる人～！
ハイハイハーイ！
大盛りでっ！
ビシッ
寒天は
ノンカロリー!!
あいつ
なんであんなに
デザート
食べてんの？
さあ…
今度こそ！
今度こそ！
もぐ
もぐ
絶対
痩せてやる!!

「痩せてる」＝「かっこいい」はもう古いんじゃないの？

ホント、ナナコさん、少しは栄養のこと勉強しなさいって感じですよね。まったく、何を根拠に食べる物を選んでいるんだと言いたくなりますが…。

読者の中には栄養の知識をしっかり持っている人も多いんじゃないでしょうか？ 家庭科の授業でも栄養のことを取り上げると、僕の生徒たち、結構いろんなこと知ってますし、学習意欲も高いですよ。テレビでも雑誌でも、栄養や健康が話題にならない日はありませんし、日本人は世界一健康意識が高いと言っている人もいるくらいですからね。

でも、問題は、情報が溢《あふ》れすぎて振り回されちゃうケースですね。勉強が足りない人は勉強すればいいだけなんだけど、中途半端に勉強して、結果、怪しい情報に振り回されて健康を損ねてしまったり、大金を失うことになったりしたら目も当てられません。

そう、一番大切なのは「情報リテラシー」、情報を読み解く力ですね。

でも、どうしてナナコさん、ちょっと考えたり調べたりすればわかるようなことがわかっていないのでしょう？ 不思議ですよね。答えは漫画の中にあります。もう一度、答えを探すつもりで漫画を丁寧に読んでみてください。

わかりましたか？　ナナコさん、栄養のことを考えているようで、本当はちっとも考えていないんです。これじゃあ、うまくいくはずありません。ナナコさんは最後、「絶対痩《や》せてやる」と強い眼をして言ってますが、本音は「もっとカッコよくなりたい」とか「スタイルに自信を持ちたい」ということですよね。「痩せる」はそのための手段でしかありません。ナナコさんは、「なぜ自分がそんなことを考えてしまうのか」という根本的な問題に、残念ながら向き合えていないのです(ちょっと哲学的すぎます？)。

世の中には「痩せられないのが悩み」だと思い込んでいる人は多いようですが、ほとんどの人にとってそれは本当の悩みではありません。本当の悩みは、人間関係だったり、自信が持てないことだったりで、痩せさえすれば解決するのではと、問題をすり替えてしまっている場合がほとんどです。「痩せること」が真の目的ならもっと勉強するでしょうけど、本音では手段と思ってるので、あまり一生懸命しません。結局、偽《にせ》の情報に振り回されてしまうんですね。

ダイエットの本来の意味は「食事療法」です。病人の回復を食事面からサポートしようとする仕組みです。どうせやるならしっかりした知識を仕入れて、少しでも健康な体に近づく努力をし、毎日、自信を持って元気に生きるために役立てて欲しいと思います。

筋肉をつけたいだけなのに…

高校生ソウタ（16歳）の場合

おなやみ相談

そんな肉ばっかりの食事
年寄りが食べられるか！
え…？
オレがメタボなの
知ってるだろ!?
コロス気かっ!?
ええ…？
こんな偏ったメニューじゃ
愛情が感じられないわー
お母さん!?
お前　これ食べてたら
部活引退してから
激太りするぞ？
兄ちゃんまで…！
…というわけで
このメニュー
却下!!
オ…
オレの筋肉が～!!

愛情も献立も、自己中なのは大迷惑！

ソウタくんは二重のミスを犯しています。一つは、「先輩は間違ったことは言わないはず」と思い込んで、「肉をたくさん食べれば筋肉がつく」と考えたこと。もう一つは、大会前で筋肉をつけたいと考えているのは「自分だけ」なのに、「家族全員」に同じ食事を用意したことです。「間違ったこと」を「無理やり」押し付けられたら、ホント大迷惑ですよね。

でも、僕はこんなソウタくんが嫌いじゃありません。というか、とても可愛いなと思います。やる気はちょっとカラ回り気味ですが、朝から家族五人分の朝食をつくったんでしょう。偉いじゃないですか。何もかも親任せなんて高校生も多い中、自分で行動を開始しているのは大いに評価されていいでしょう。ソウタくんの家族も、気持ちはわかりますけど、そこまで怒らず、とりあえず「つくったこと」を褒《ほ》めてあげてもいいと思いますよ。

そのうえで、フライドポテトや生姜《しょうが》焼きはとりあえず晩ご飯用にラップをかけて冷蔵庫に入れ、ベーコンエッグとソーセージを少しつまんでご飯は減らし、トマトかレタス、なければとりあえず野菜ジュースでも飲んでおくなど、今日だけのことですからなんとか笑顔でやり過ごすのです。なぜか、ソウタくん以外の家族は栄養の知識をしっかり持っているので、「本当に筋肉のつく食べ方」の知識も含め、時間をかけてゆっくり教えてあげるのです。

何をどれだけ食べればいいかは、年齢、体の大きさ、体質、体調、運動量などによって一人ひとり異なります。性別、年齢別、運動量別の大体の摂取目安は家庭科の教科書にも載ってますし、本やインターネットで調べることもできます。バランスの取れた食生活をしたい人は、一度は見ておくといいですね。でも、それはあくまでも「目安」です。

食事と健康の関係について、研究はかなり進んでいますが、残念ながらすべて解明されているわけではありません。栄養に関して、次々と「新発見」が発表されているのは知っていますか？　それだけわかってないことが多いということなのです。

理想の食べ方は「自分に合う量を食べる」です。「目安」をもとに、できるだけいろんなものを、規則正しく、食べすぎに注意しながら食べていれば、案外バランスのとれたいい食事内容になっています。自分に合う食事は自分で見つけてゆくしかないんですね。

一人暮らしをすると、とたんに栄養が偏る人が多くなるようです。外食続きとか、コンビニ弁当ばかりとか、自炊だけど一週間カレーですとか…。そうならないために、食のプロから聞いた呪文を最後に紹介しておきましょう。「重ねて食べない！」「続けて食べない！」です。

手抜き料理はダメですか？

タクミの姉マユミの場合

幼稚園
カイトくん ママのお弁当すごいね～！
うん！今日はコロッケがおいしかったよ！
…え？
コロッケなんて作ったかな…？
！
それは…！
今朝時間がなくてテキトーに入れた
冷凍食品!!
チーン
お弁当用 冷凍コロッケ
今日のコロッケが今までで一番おいしかった！
わー 今度作り方教えて～
う…うん
いいよ…

もっと自由でいいんじゃない?

「キャラ弁」。今この原稿を書いている時点では、まだ根強い人気を保っているようですが、最近はどうなってるでしょう? もしかしたら、もはや「死語」になっていて、「キャラ弁ってなんだろう?」なんていうようなことになっているかもしれませんね。

僕は、毎日弁当を作りますが、キャラ弁を作ったことはありません。作ってみようと考えたことすら一度もありません。理由はシンプル、単に「面倒くさいから」です。

でも、作りたい人は大いに作ったらいいですよね。だって、楽しいから作るんでしょ? マユミさんも写メを友だちに見せたりして、とってもうれしそう。味と素材にもこだわってるそうですし、自分の弁当(作品)に自信を持てるって、本当に素敵なことだと思います。

たまに時間がなければ、冷凍食品を使うなど、工夫しながら毎日欠かさず作り続けているようです。でも、「時間がなくてテキトーに入れた」市販の冷凍コロッケが、「今までで一番おいしかった」なんて子どもに言われてしまいました。ちょっとかわいそう…?

僕は弁当によく冷凍食品を使います(だって便利ですもん)が、冷凍食品の味や素材にはこだわっています。冷凍じゃない加工品もよく食べますが、やはり素材は念入りにチェックします。市販の加工食品にはピンからキリまであって、「シンプルに素材の良さを生かして作っているな」というものから、「こりゃあ悪い素材を添加物でごまかしているだけだな」と思えるようなものまでいろいろあります。でも、不思議と値段にそれほど大きな違いはありません。

マユミさんも、味や素材にはこだわっていると言ってるのだから、きっと冷凍コロッケも吟《ぎん》味《み》して選んでいるはずです。子どもがそれを「おいしい」と言ってくれるのなら、僕なら「ラッキー」と考えます。だって、朝の忙しいときに助かるじゃないですか。

なのに、ここまでショックを受けるなんて、もしかしたらマユミさん、本当にこだわっているのは、「味や素材にこだわって手作りしている自分」なのかもしれないな、なんて考えるのは、ちょっと意地悪でしょうか？

「子どもにちゃんとしたものを食べさせたい」と考え、一生懸命弁当や食事を工夫することは素敵なことだし、それを毎日続けていることは褒《ほ》められていいと思います。でも、すべて自分で作ることが最上だとは限らないし、子どもにとってベストだというわけでもありません。

いろんないいもの、便利なものを上手に使いこなして、自分たちが最大限に楽しめる「形」を探すことは、決して「手抜き」ではありません。もっと自由に発想してはどうでしょう。

制服を着崩したい！

高校生ミカリン・ナナコの場合

おなやみ相談

見てて寒そうだよ～
それじゃ体冷やすよ～
ぶるぶる
何言ってんの!?
かわいさのためには寒さなんて我慢するものでしょ！
私は見た目より機能性重視だもん
シャツの下にはロンT！
スカートの下にはジャージ着用！
冬もバッチリだよ！
見た目は大事だよ～？
いやいや防寒！機能性だよ！
スッ
コラ！
制服の着崩しは
どっちもダメ!!
あっ
先生…

いやぁ、人間って大変だ！

地球上の生物で「服」を着るのは人間だけです。服を着るという行為自体がとても人間的な営みだということですね。人間的営みとは「文化的行動」という意味です。それで、ミカリンもナナコも先生も苦労しているんですね。えっ、どういうことって？

「文化」は時代によって大きく変わります。歴史なんか勉強してると、文化で時代を区切っちゃってるくらいです。つまり、文化の本質の一つは「変化」なんですね。日常の言葉でいうと「流行」になります。流行には、周期が長いものと短いものがありますが、永遠に変わらないものはありません。学校の制服だって、長い目で見ればずいぶん変化しました。「学生服の最新のトレンドは…」なんて言葉も、最近はよく使われるようになりました。

文化の本質のもう一つは「地域性」です。警官や消防士の制服なんか国によってずいぶん違います。制服じゃないけど、医師や看護師も、日本では白衣のようなものを着て一目で職業がわかるような恰好《かっこう》をしていますが、私服が基本だという国もあります。

いやぁ、文化ですね。決定版がないのです。つまり、文化はＴＰＯ（Ｔｉｍｅ＝時間、Ｐｌ

ace＝場所、Occasion＝場合)によって使い分けなければならないものだということなんですね。それができない人やわからない人は、世間から未熟者だと見られたり、一人前扱いしてもらえなかったりします。つまり「わかってないやつ」になってしまうのです。

特に服装は出会いの最初に目に入る情報ですから、インパクトが大きいのです。例えば次のような場面を想像してみてください。あなたはどんな気持ちがするでしょうか?

夕方、学校帰りに家の鍵を開けようとしていたら、後ろから「こんばんは」という声が聞こえ、振り向くと「なんだか変に制服を着崩した警官」があなたに向かって満面の笑みを浮かべていた。

どうでしょう。ちょっとしたホラーですよね。つい「偽《にせ》警官じゃないか」なんて考えてしまいます。ちゃんと制服を着ているからといって「本物」だという保証はないのですが、なんとなく安心です。現在の日本には、「警官が制服を着崩す」という文化はありませんからね。

服装には体温調整や身体の保護、動きやすさや快適さなどの保健衛生的機能もあれば、ファッションやトレンドに通じる自己表現としての機能もあります。けれどもTPOを逸脱すると文化的には完全にアウトです。とはいえTPOを完全に読みこなすのは至難の業。中高生は時代のTPOを読み解く練習中だから、ちょっと大目に見てもらってるということですかね。

おしゃれと素材はむずかしい

高校生ユウタの場合

おなやみ相談

暑かったら脱げばいいように中は薄着してきたから
バサ
ヒュー
…
バサ
…寒いよね?
いくらステキなコートでも着る時期を間違えちゃうとちょっとね～
ズーーーン…
でも心配しないで!
どんなにダサくてもミカはユウタくんが好きだから!!
ダサい
余計ヘコむわ～

そこはね、ちょっと勉強が必要ですね

おしゃれって、服や小物の組み合わせ方のことだと思っている人、多いんじゃないでしょうか？　雑誌やネットの情報で知った最新のアイテムさえ身に付けておけば、とりあえず「イケてるはず」なんて考えてるとしたら、ちょっと安易だと批判されても仕方ないでしょうね。

漫画のユウタくん、ワイルド系の主人公みたいに「Tシャツ＋革ジャン」じゃなかった、「Tシャツ＋厚手のコート」でバッチリ決めてきたつもりなのに、着れば暑いし脱げば寒いしで、ミカリンに「ダサい」なんて言われ、すっかりヘコんでしまっています。

おしゃれかどうかの分岐点は、何を身に付けるかではなく、ちゃんと「着こなしてるか」「使いこなしてるか」ということなんですけど、ユウタくんはどうもそのあたりのことがわかっていないようです。おしゃれの主人公はあくまでも自分自身。身に付けるグッズやアイテムはあくまでも脇役、自分の引き立て役でしかありません。自分が身に付けたとき、自分自身を引き立てるかどうか、そこが肝心なんですね。

ファッション雑誌は服や小物などを売るための媒体なので、服や小物が引き立つように編集されています。雑誌の中では服や小物が主人公です。だから、モデルが身に付けている通りに真似しても、なんか違う感じがしますよね。

自分が主人公になるには、デザイン面だけではなく機能面においても「自分に合って」いなければなりません。身に付けて快適でなければ、おしゃれに振る舞うことはできませんもの。

例えば、高いヒールの靴。履《は》いても平気な人は履けばいいですが、カッコよく歩けないとか、痛くなっちゃうとか、あとで腰にくるとか、外反母趾《がいはんぼし》になって体調まで悪くするなんて人は履かないほうがいいに決まっています。それでも無理して履いている人を見ると、「あれじゃあ靴が主人公だよなあ」と思ってしまいます。

背が低いからとか、太ってるからとか、それを隠すためにとか、そんな発想から入ったら、それはもはやおしゃれではありません。虚飾、ごまかし、修正…。いろんな言葉が浮かびますが、どれも主人公であるはずのあなたを否定するところから始まっているからです。

見た目も着心地も満足できて、気温の変化や天候の変化にも対応できる。何よりも着ている自分が落ち着けて、元気が出て、楽しくなれる。おしゃれの出発点はそこにあります。

特に、服や下着の素材は着心地に大きな影響を及ぼします。今はいろんな素材が開発されていますから、いろいろ勉強して「快適おしゃれさん」をめざしましょう！

友達と服がかぶっちゃう！

高校生ナナコの場合

おなやみ相談
思いきってカットして…
ドキドキ
ジャキッ
ウエストがきつくなったスカート…
使っちゃおっかなー
襟元にビジューもつけよ
ちくちく
やったー!
できたー!
私すごい!
よーし
早速着てみ…
き…着られないっ!!
ウエストが縫い合わさってる~!!
うわーん!!

ナナコ、ガンバレ！

僕は今まで、「友だち」と服や持ち物がかぶっちゃったという経験はないつもりでいるんですが、もしかしたら他の人の服装や持ち物にあんまり興味がないので、単に「気付いていないだけ」かもしれません。でも、一度だけ、お気に入りのシャツを着て歩いてたら、自分とまったくタイプの違う男性が同じシャツを着ているのに出くわして、とっても気まずいというか、情けないというか、そのまま家に帰って着替えたい気持ちになったことはあります。

服装や持ち物は自己表現の手段だと言われます。ある意味で自分の一部ということなのでしょう。そして、多くの人が「流行の服」を着たがります。それは「時代についていけてる自分」を表現するのに一番手っ取り早い手段だからだと思われます。でも、「流行の服」＝「着ている人がたくさんいる服」ですから、当然、他の人と「かぶる」確率はとても高くなります。そんなことは誰にだってわかっていることです。なのに、「かぶるのは嫌だ！」なんて、ホントにわがままな話ですよね。でも、誰にとっても、世界にたった一人しかいないのが「自分」ですから、仕方ないことなのかもしれません。

ファッションとかおしゃれといっても、基本、買ってきたままのものをただ組み合わせてるだけじゃ、それほど豊かなバリエーションは作れません。だから、身に付けているアイテムに一つでも同じものがあると、どうしても「かぶっちゃった感」が出てしまうんですね。

でも、考えてみたら、お店で買ってきた服をそのまま着る必要なんてどこにもないんです。もっとよく考えてみたら、数十年前までは、今ほど既製服が普及してないから、みんな手作りやリメイクを普通にしていたんです。数十年前の人にできて、僕たちにできないという理由はないでしょう。もちろん、手作りやリメイクなら他人とかぶることは一〇〇％ありませんし、作ったものに愛着もわきます。最近ブームなのは、そのあたりにも理由がありそうです。

入門編としてのお勧めは、シャツのボタンの取り換えです。手芸屋さんとかに行けばいろんなボタンが置いてあります。ボタンだけでずいぶん感じが変わりますよ。何でもない白いシャツが、とってもポップでおしゃれ〜な感じに、あるいは高級感漂うシャツに変身します。ただし、ボタンを買う前にボタンホールの大きさに合うかどうかだけは確かめておきましょう。結構値段の張るものもあります。使えなかったらショックですからね。

ナナコさんはリフォームの挑戦は初めてっぽいのに、やることが大胆で、なんかいい感じですね。失敗したらやり直せばいいんです。失敗か成功かを決めるのも「自分」なんですから。

大事な服にしみがついた！

タクミの姉マユミの場合

おなやみ相談

な
ぬ!?
どうしよう これ〜
だっ 大丈夫! おしぼりで ふいてあげる!
ゴシ ゴシ
ギャーー!!
しみが 広がっちゃった!
カイト! ちょっと脱いで! トイレで 水洗いして くるからっ!
え〜〜〜!?
洗っても 落ちない〜 どうしよう〜
ヨレ…
ママ… 寒い…
とりあえず 着替え 貸すよ…

服より子どもの心配をしてください!!

って思いませんか？　カイトくんは素直でいい子だから文句は言わないけど、そのうち反抗期もくるでしょう。そのときマユミさん、どんな対応をするつもりだろうって、他人事ながら心配になってきます。いくらブランドものの服だからって、しみがついたことのショックで子どもが寒がっているのにも気付かないなんて、優先順位を完全に間違っています。

　そのうえマユミさん、しみへの対処方法も完全に間違っているようです。事件や災害が発生した場合、一にも二にも冷静に対応することが肝心ですよね。このところ、大きな災害が続いていますが、そのような場面に直面したとき、きちんと対応できるかどうかは日ごろの行動がきちんとしているかどうかにかかっているのです。日常のちょっとしたことでも、慌てず、騒がず、落ち着いて行動しましょう。そうすればあとの展開は随分と違ってくるはずです。

　服についた汚れの場合はどうでしょう。①まず汚れの種類が何であるかを見定める。②次に服の素材をラベルなどを見て確かめる。③そして一番適切な対処法を取る。これだけです。汚れの種類によっては、汗や血液など水だけで落ちるものもあれば、油や口紅など洗剤を使わないと落ちないものもあるし、泥や炭などとても落ちにくいものもあります。素材も、部分洗いをするとそこだけ色落ちしてしまったり、強くもんだりこすったりすると、生地が伸びたり痛んだりするものがあります。よくわからない時は、インターネットで調べたり、クリーニング店など専門家に相談してから対処します。確かに、汚れ落としの基本は、汚れがついたらできるだけ早く対処することです。汚れが生地の奥深くまで浸透する前に落とす方がいいに決まっていますからね。でも、最初の対応を間違えると、逆に取れなくなってしまう場合もあります。「冷静にかつテキパキと対応すること」が大切なんですね。

ところで、みなさんは自分で洗濯しますか。洗濯の初心者がやってしまう失敗の一つに「色移り」があります。僕も何度かやりました。もしかしたら分けて洗ったほうがいいかもと思いながらも面倒くささに負け、お気に入りのTシャツが着れなくなりました。泣きました。

ポケットにティッシュを入れたまま洗った時は、全部の洗濯物にこびりついた白い破片をとるのにとても手間取りました。何度か同じ失敗を繰り返し、洗濯機を回す前にポケットの点検をするのはもちろん、洗濯に出す前に、必ずズボンやシャツのポケットを見るようになりました。人間は失敗からたくさんのことを学ぶのですね。そういう意味では、マユミさんはまだまだこれから伸びる人だということです。ガンバレ、マユミさん。応援してます!!

コラム

ていねいに生きよう！

と、いつも心がけてはいるのですが、なかなか適当に流れてしまうことの多い今日この頃です。みなさんはいかがお過ごしですか？　なんて、改めて4章を振り返ってみると、そんな言葉が口を突いて出てきました。僕たちは、つい日常をドタバタと落ち着きなく過ごしてしまいがちですが、漫画というわかりやすい形でそれを見せつけられると、「いかんなあ。もっとゆったりと暮らさなきゃなあ」と反省してしまいます。

4章で扱っているのは、「食べること」と「着ること」。家庭科では「食生活分野」「衣生活分野」と呼んでいる領域です。食生活も衣生活も、僕たちにとって本当に身近なこと。なにしろ、普通の生活をしていたら、ものを食べない日も服を着ない日もありませんものね。別の言い方をすると、僕たちは生まれてから死ぬまで、毎日毎日、何かを食べ続け、何かを着続けているということです。

こんなに長い時間同じことを繰り返していたら、どんなことでもたいていは自信を持って行えるようになります。「五〇〇〇時間プロ説」とか「一〇〇〇〇時間の法則」なんていうのを唱えている人たちがいるのを知ってますか？「どんなことでも、相当程度長い時間繰り返せば一流になれる」という説です。そういう意味では、僕たちのほとんどは「食べるプロ」や「着るプロ」になっていてもおかしくありません。でも、自分の食生活や衣生活に自信を持っている人、案外少ないですね。

多くの人は、「とりあえず、毎日食べたり装ったりはしてるけど、自分のやり方が正しいかどうかあまり自信がない」あるいは「まあまあいけてると思うけど、これがベストじゃないと思う」といった感じではないでしょうか。

わずか一〇〇年ばかり前、今の最高齢の方たちが生まれた頃、日本に住んでいた人たちの大半は、食べるものや着るものが足りなくて困ったことはあっても、何を食べたらいいだろうとか、何を着たらいいだろうなんて悩むことなどなかったでしょう。その頃の平均寿命は五〇歳に満たず、今なら治せる病気で亡くなってしまう人も大勢いました。今と比べたら物質的には貧しかったかもしれませんが、日々の暮らしに関しては「自信」を持っていた人が多かったんじゃないかと思います。

当時の生活には、「手に職を付ける」ことと同じような要素がありました。火のおこし方、魚のさばき方、箒《ほうき》の使い方、着物の縫い方、洗濯の仕方などなど、手仕事の中で身に付ける「コツ」や「カン」のようなものがふんだんにあって、そうやって生活の中で積み重ねられた経験が「知恵」として尊重され、他の人々の役にも立っていたのです。日々の生活をていねいに生きることが人としての「自信」に繫《つな》がっていたんですね。

逆に、今の世の中を見渡してみると、モノも情報も溢《あふ》れすぎていて、はっきり言ってわけがわからない状況です。こんな中で「自分の生き方に自信を持つ」なんて至難の業だと言ってもいいでしょう。一〇〇年前の人には、「食べものも着るものも住む場所も楽しいこともこんなにいっぱいあるのに贅沢《ぜいたく》だ」と言われちゃいそうですけどね。

でも、現実には、例えば「健康な食べ方をしたい!」と考えて、売れている栄養の本を読んだり、ネットで調べたり、テレビや雑誌のCMをチェックしたり、知り合いに話を聞いたりしても、お互いに矛盾するような情報だらけで、いったいどれを信じたらいいか悩んでしまいます。実は、栄養に関すること一つとっても、わかっていないことが多いからです。

それに「食べる」といっても、「栄養」がすべてではありません。「いつ」「どこで」「誰と」「何を」「どんなふうに」食べるかということもとても大切な要素です。ある食事が、

「楽しい」「おいしい」「うれしい」「幸せな」「素敵な」ものになるのか、「寂しい」「まずい」「ひもじい」「わびしい」「孤独な」ものになるのかは、状況に大きく左右されますものね。

今、モノを持たないシンプルな生活が見直されています。僕は、モノだけじゃなく「情報」ももっとシンプルにすればいいと思います。部屋の中にモノが溢れている状況を「ごみ屋敷」などと言ったりするようですが、整理のつかない雑多な情報で溢れかえった頭の中も、一種の「ごみ屋敷」です。体の中から湧き出てくる「感覚」が聞こえなくなってはいないでしょうか。

知識を仕入れることも大切だけど、僕たちはこの辺でもう一度「身体性」を取り戻す努力をしたほうがいいと思います。情報の海で頭でっかちになって溺《おぼ》れそうになってないで、手足をしっかり動かして体を鍛《きた》え、いろいろなことを自分の体で確かめる。食べることや着ること、生活の一つひとつにていねいに向き合って、自分の体が納得できているか確かめながら暮らしてゆく。日々の暮らしの中にたくさんの「納得」と「満足」がある状況。それが本当に「豊か」ということだと思います。

5章 支えあって生きる

障がい者を知る

高校生タクミの場合

うーん…
どうしよ
スッ
あのー
どうかしました?
あ…
駅の改札に行きたいのですが方角がわからなくなってしまって
こっちです一緒に行きましょうか?
どうもありがとう
あれは…
腕をどうぞ
助かります
同じクラスのユウタ…?
てか
オレ…
かぁっ
オレダサすぎっ!!

めざそう勇気あるアクション――相手の身になって考えてみよう

ユウタ君は、困っている人を見つけてさりげなく近づいて声をかけることができて、素晴らしいなと思います。でも、ユウタ君のような行動は、タクミ君がためらっているように、なかなか難しいかもしれませんね。気になる相手は知らない人で何を考えているのかわからないし、本当に困っているのかどうかも、見ている限り推測でしかないわけですから、よくわかりません。声をかけたことによって、逆に自分が面倒なことに巻き込まれてしまったらいやだな、と疑《ぎ》心《しん》暗《あん》鬼《き》になってしまう気持ち、そうだろうなあ、と私も思います。

でもそれって、自分がその人に対し、何か「いいこと」を「してあげよう」と思っているのに、その自分の気持ちが「受け入れてもらえない」かもしれないことに対する不安なんじゃないのかな？　受け入れてもらえなくて、自分が傷つく。それが嫌で一歩踏み出せない、ってことじゃないのかな？

障がいの有無にかかわらず、誰もが自分らしい姿で、やりたいことをできるようにしたいと思って生きています。でも、自分一人ではどうしてもうまくいかなくて、手助けが必要な時もあるでしょう。助けて欲しいんだけど、誰に助けを求めたらよいのかもわからない。あなたは、そんな気持ちになったことはありませんか?

漫画の中の目の不自由な人も、きっとそんな気持ちだったのだと思います。ユウタ君の「どうかしました?」という一言によって、どんなにほっとしたことか。「相手が何を考えているのかわからない」のなら、どうして欲しいのか、して欲しくないのか、尋ねてみることからすべてが始まり、道が開けていきます。その勇気あるきっかけづくりをさらりとできる人って、素敵だな。ユウタ君みたいに、さりげなく相手の必要とすることに手を貸すことができるようになりたいですね。

声をかけた結果、断られたり、自分の善意を否定されたりすることもあるかもしれません。その時、落胆《らくたん》したり恥ずかしく感じたりする必要はまったくありません。だって、相手はあなたとは異なる思いを持って生きている人なのだから、気持ちの食い違いはいつだって起こりうる。重要なのは、あなたにとっての「よいこと」がすべての人にとって「よいこと」だとは限らない、ということに気付けたという事実。この社会は、まさに多様な人々によって成り立っています。あなたもその中の一人。様々な人の状況を知り、思いを察して、相手の身になって考え行動することができれば、共に生きる社会(共生社会)が実現するのだと思います。

私が頑張らなきゃ…でも，もう限界！

ミカリンの姉ユカ（24歳）の場合

ほぎゃ〜
ほぎゃ〜
あー 起きちゃったか
ほぎゃ〜
私が頑張らなくちゃ
私が——
よしよし
眠い
ほぎゃ〜
おなかすいた
疲れた
ほぎゃ〜
さびしい
ほぎゃ〜
…なんで そんなに 泣くのよ
ほぎゃ〜
…泣きたいのは
ほぎゃ〜〜
ほぎゃ〜
こっちだよ!

一人で頑張らないで——「孤育て」のスパイラルからの脱出

赤ちゃんを育てている二四歳のユカさん、若いお母さんです。数年前までは一日二四時間がすべて自分の思うように使える毎日で、仕事で少し嫌なことがあっても、帰りに友だちとご飯を食べに行って発散したり、彼氏とのデートで楽しい時間を過ごして、夜遅く帰ってきたりしていたのでしょう。そして、好きな人と結婚して、二人で新しい生活をつくるという夢が実現し、可愛い子どもも生まれた。思い通りの人生が始まった…はずでした。でも、子どもが生まれてからは、二四時間はすべて子どものためにあり、片時も赤ちゃんから目が離せません。まだ赤ちゃんが小さいので、家の中で過ごすことが多く、ユカさんはいつも赤ちゃんと二人きり。他の大人と会話する機会もありません。…こんな生活、今のあなたに想像できますか?

ご飯を食べるのだって、赤ちゃんが寝静まってからやっとのことです。それも、赤ちゃんの泣き声で中断されてしまう…。頑張らなきゃって思いながらも、「泣きたいのはこっちだよ」と叫ぶユカさん。仕事で帰ってこない夫に、その思いをぶつけることもできず、追い詰められてしまっている。そんな印象ですね。

家族が小規模化し、大家族が減少している現在、ユカさんのような孤独な子育て、つまり「孤育て」になってしまう恐れがあります。本来、子育ては子どもの成長を見守る楽しいことのはず。でも、赤ちゃんは親の思い通りにはならなくて、自分の無力感を感じてしまうときもあるでしょう。そんな時、同じ思いを共有してくれる誰かがそばにいてくれたらって、思うよね。自治体にはそんな子育て中の人たちの悩みを分かち合い、仲間をつくって交流するきっかけになる場として、子育て支援センターを設置しています。また、地域で子どもを預かってくれる子育てボランティアのシステムや、赤ちゃんと親が一緒に交流できるイベントなども企画されています。しかしそれ以前に、家族の支えが必要です。

近年、「イクメン」という言葉が聞かれるようになり、子育てに参加する男性も増えつつあります。男女共同参画社会の推進が社会の指針として掲げられる中で、男性の育児休業取得を後押しする社会の機運もわずかながら見えてきました。子育ては母親のみの仕事ではありません。産むことができるのは女性だとしても、育てることは誰もが担えることです。ユカさんのようなお母さんたちに、「一人で頑張らないで」と伝えたいな。まず夫たちが長時間労働を切り上げて子育ての相棒となり、地域の中で仲間と居場所を見つけて一緒に頑張ろうよ。

母との2人暮らしがピンチ！

会社員ノボル（42歳）の場合

はい
あっ 部長…
ジョー
えっ クレームですか？
対応しようにも担当の君はさっさと帰ってるし
先方はカンカンだよ！
大きな仕事なんだからきっちりやれとあれほど言ったろう！
だいたい君はいつもいつも…
……？ ……！
ザザ
ザー
そんなこと言われたって オレは――
ノボル！
しょうゆがないよ？
しょうゆ！
オレはもう
……！ ……！
……？ ……？
ザー
ザー
ノボル！
ノボル！
いっぱいいっぱいなんだよ

高齢社会の「生きる力」——地域の人や行政に頼ることをためらわないで

介護が必要なお母さんと、実家で二人暮らしのノボルさん。仕事を早々に切り上げて帰ってきて、スーツの上着を脱いですぐに、お母さんのために買ってきたお弁当を出して、お風呂のお湯はりを始めました。一方、お母さんは、自分から進んで何かをしようという感じではなく、雑然とした部屋にポツンと一人、ノボルさんの帰りをじっと待っていたみたい。お母さんにとって、きっとノボルさんだけが頼りなんだね。そんなお母さんの状況がわかっているからこそノボルさんは、「自分が何とかしなくちゃ」と思って必死に頑張っているのでしょう。

そんな中、突然部長からの連絡で携帯電話が鳴り、ノボルさんが担当するクライアントからの苦情が来たことが告げられ、同時に叱責が始まります。ノボルさんは携帯電話を手に放心状態に。お母さんの介護と仕事との責任の板挟みでどちらも中途半端になってしまい、出口が見えない…そんな辛い状況が伝わってきます。ノボルさんはどうしたらよいのでしょうか。

介護の必要な高齢者を支えるのは、たやすいことではありません。二〇〇〇年から導入された介護保険制度は、その負担を個人や社会全体で支え合おうと始まった制度です。四〇歳以上の人が毎月支払う保険料によって運営されています。この保険料は、介護を必要とする程度に応じて、サービスとして還元されます。身近な人に介護が必要になったら、市区町村の要介護認定を受け、その人に合った介護サービス計画が立案され、一割~二割の自己負担でサービスが受けられることになっています。ノボルさんのお母さんの場合にも、こうした手続きを踏めば、ノボルさんの代わりに専門家が適切なサービスを提供してくれます。

ノボルさんのように親の介護を一手に引き受けている人の中には、仕事を手放さざるを得なくなり、生活が困窮してしまう人もいます。また性別役割分業の考え方を背景として、女性が家庭で介護の担い手として期待され、やりたいことができずに人生を諦めざるを得なかった歴史もあります。自分一人の手に介護の重圧がのしかかった結果、老親の殺害や無理心中などの事件も起きています。こんな悲劇が繰り返されないように、私たちは家族の介護を「自分の家庭の問題」として抱え込まないようにしないといけないと思います。

年を取ることは不幸ではないと、胸を張って言えるような社会であって欲しいですね。そのためには、社会の仕組みをより一層充実させることが重要です。同時に私たちは、行政のサービスや福祉制度を上手に頼って、取り入れることのできる力、つまり、高齢化が進む現代の「生きる力」を身に付け、状況に応じて活用することをためらわないようにしたいものです。

進学したい…

高校生アオイ（17歳）の場合

アオイ
お父さんのせいでごめんな…
じゃあお母さんパート行ってくるから！
戸締まりよろしくね！
大学は辞めた
アオイもいっしょに家計を支えてくれるよな
相談なんてできない
…ありがと
ミカ
進学したいなんて言えない
うちにはお金がないんだから
みんなとは違うんだから——

あなたには支援を受ける権利がある――人生を諦めないで

　子どもは生まれてくる家族を選べません。どんな家庭環境で育つことになるのかわからないし、アオイさんのように、突然、お父さんが病気で倒れてしまって仕事を続けられなくなる、ということも起きてしまう。自分の人生のみならず、自分が生まれた家族の一人ひとりの人生が、あなた自身の人生に影響をもたらすことになる…家族って、運命共同体のようなものかもしれませんね。

　でも、そうだからといって、突然に見舞われた不運をただ黙って受け入れ、夢や希望を諦めながら生きていくのは嫌だ、と誰もが思うはず。アオイさんも本音は大学に進学したいんだね。けれど、パートで働くお母さんのみならず、お兄さんまでも大学を辞めて働き始めた状況にあって、「進学したい」なんてとても言い出せない空気を感じているんだね。ミカリンは、放課後に「お茶しに行かない?」って誘ってくるけど、アオイさんにしてみたら、「それどころじゃない」って気持ちだろうね。「うちにはお金がない」「みんなとは違う」って、自分の直面している辛さを一人胸の中にしまってバイト先へと向かう、そんな毎日が続いているんだろうな。

アオイさんは「うちは特別」だと思っているかもしれないけれど、経済的な支援を必要とする貧困状態にある子どもは、日本で約六人に一人(一六・三%)だと言われています(二〇一二年調べ)。そんなに多かったの? って、ちょっと予想外に感じたかな? 物が豊富にあって、「普通」の暮らしができているような気がする日本社会だけれど、実は、生きていく上で様々な困難を抱えている子どもたちがいます。経済的な貧困だけでなく、程度の差こそあれ、親からの身体的・精神的な虐待にあったり、家族に認めてもらえず、思うような将来の選択ができないでいる子どもたちは、少なくないかもしれません。また、今は何も不自由なく問題ない毎日だと安心しているかもしれないけれど、この先、何が起こるかわからないのが人生です。

…そんなこと言われても、どうしたらいいのかわからないよ、とあなたは言うかもしれませんね。日本が一九九四年に批准した「子どもの権利条約」は、子どもが「自分らしく育つ権利」を保障しています。「教育を受ける権利」もその一つです。様々な民間団体、自治体は、子どもの権利保障のための制度を設け、活動しています。もしも、あなたに困ったことが起きて、自分一人の力では解決できそうにないと思った時にはまず、身近な大人に相談してみてください。そこからきっと、問題状況を切り開く方法が見つかるはずです。

妹の留守番が心配で…

高校生サクラ(18歳)の場合

でもほら火事とか泥棒とか心配だし
大きな地震でも起きたら…
そういうときはお隣に助けてもらうよ
お隣…あいさつぐらいしかしたことないよね？
どんな人か知ってるの？
……
もうっ！
そんなふうに言われたら余計不安になるでしょ！
とにかく大丈夫！
いってきます！
本当に一人で大丈夫かな…？
どうしよう〜!?

今から始めよう——安心・安全な暮らしへの備え

出張中のお母さんからの突然の電話で、あと二、三日帰ってこれないって、さあ大変！　サクラさんはにわかに不安になります。小学生の妹が一人で留守番しているなんて、大丈夫かな。自然災害が起きたりしたら怖いし、自分もお父さんも家から離れていて、すぐには帰ってこれないし…と、不安がつのります。今回はお母さんの仕事が理由だけれど、仕事に限らず、こんな不測の事態はどこの家でも起こりうること。

妹のカエデちゃんは、「もう五年生」だから大丈夫！と強気で言ってはみるものの、内心はちょっと、いやかなり不安そう…。だって、マンション住まいで隣の家の人とは特に交流はないし、会ったときに挨拶程度の言葉を交わすだけ。「いざというとき」に助けを求めることなんて、できそうにないのが今の現実。…そう考えると、本当に非常事態や困ったことが起きた時、どうしたらいいんだろうって、思うよね。

二〇一一年に発生した東日本大震災とそれに伴う原発事故は、当たり前の日常が一瞬のうちに覆《くつがえ》されるような出来事でした。あれから五年余りが過ぎましたが、まだ復興の途上で、以前とは異なる生活を強いられている多くの人たちがいます。「起こるわけがない」ことが起きてしまう現実を、私たちはしっかり記憶にとどめておかなければならないと思います。そして自分の家の中や暮らしている地域の防災・安全対策について、考えておく必要がありますね。

特別な災害に見舞われなくても、日々の暮らしの中でも家の中には危険が潜んでいます。あなたにとっては大丈夫でも、高齢者や小さな子どもにとって、危険な場所はないでしょうか。家の中で、躓《つまず》いたり滑《すべ》ったりして転んでしまうような可能性はないですか？　ベランダから身を乗り出して、転落するような恐れはないでしょうか？　暖房器具を安全に使用し、部屋の換気をしていますか？　お風呂で溺《おぼ》れてしまうなんて、そんなことあり得ない、と思うかもしれないけど、実際に家庭内の不慮の事故で亡くなる人の数は、交通事故で亡くなる人とあまり変わらないくらいの数なのです。

安心・安全な生活のために、普段から気をつけて、これで大丈夫か目を配っておくことが大切ですね。それともう一つ。住んでいる地域のことを知り、ハザードマップを確認し、いざというときにどこに避難したらいいのか調べておきましょう。隣近所の人たちとは、挨拶をきっかけに、日ごろから話ができる関係をつくっておきたいですね。何か起きた時、「一人じゃない」って思える安心・安全を、普段から意識して生活しましょう。

地域のつながりってめんどくさい！

高校生ソウタの場合

ソウタくん
私ゴミ拾い終わったから
こっち手伝うよ
あ…
サンキュー
ザク
ザク
いいね～いいね～
そこのお二人さん！
あんたたち
この前も一緒に帰ってたよね
つき合ってるの？
な…っ
あっ
スッ
んも――――!!
町内活動なんてなんであるんだよ――!!
ソウター
サボるなー

地域に生きる・地域で活きる私たち

ソウタ君、憂鬱《ゆううつ》そうですねえ。陸上部に入ったのは、「走りたくて」って、そりゃそうだよね。自己記録を更新するために、日々努力して走りこむ、そんな部活をイメージして入部したのに、休みの日には町内清掃に駆り出されることになりました。まったく気乗りのしない顔でぼんやりしていたら、先生の目にとまって注意されてしまったね。

先生は、町内の人たちはいつも陸上部を応援してくれているから恩返しをしないといけない、と言うけれど、ソウタ君にはあまり実感がわかないみたい。同じ部員の女子と一緒に草取りをしていれば、町内会の人たちから「付き合ってるの?」と冷やかされる始末。「ああ面倒くさい、ほっといてくれよぉ」というソウタ君の心の叫びが聞こえてくるようです。

高校生のときってもしかしたら一番、地域のつながりを意識しない年代なのかもしれません。なぜなら、中学の頃とは違って、高校は必ずしも家の近隣にあるわけではなく、通学にも結構時間がかかったりする。それに、高校生ってとても忙しい。朝早く登校し、授業が終われば部活、部活をしていない場合もバイトや塾に行ったりと、いろいろな予定が詰まっていて、地域のことを考える機会ってほとんどないんじゃないかな。地域の存在自体がまったく視野に入っていない、というほうが当たっているかもしれない。

ところで、思い起こしてみてください。こんなことはなかったかな？　高校に入学してから、制服を着てエレベーターに乗ろうとしたら、一〇年以上前からマンションの同じ階に住む人と一緒になって、「高校生になったんだ、大きくなったね、早いものだね」と言われた経験。その人はあなたが小学校入学の頃の姿を覚えていて、立派な青年の姿になったあなたに会って、とても感慨深い思いを抱いたんだと思うよ。子どもは成長し、やがて大人になる。今の地域に新しい居を構え暮らしをつくってきた大人は、いずれ年老いていく。あなた自身の成長は、地域の時間と共にあったという事実を考えてみれば、実は地域のつながりって、気付かないところに存在しているのかもしれない。

今はピンとこないかもしれないけれど、頭の片隅に置いておいて欲しいこと。それは、これからあなたがどこでどのような生活をしていくのかはわからないけど、あなたはたった一人でこの社会に存在しているのではない、ということ。そして地域とは、あなたの暮らしの拠点となる場所だということ。地域の中で、あなたの家族以外にも、あなたの成長を見守ってきた大人たちのまなざしがありつづけるということを忘れないで欲しいな。

イトコが大ケガして失業?!

高校生ミカリンの場合

何それ！
ひっどい！
プンスカ
今まで
あんなに仕事
頑張ってきたのに！
うん…
どうやって
生活費を
稼ぐかとか…
フー
これからのことは
おいおい考えるよ
わかった！
私に
任せて！
…え？
な
何を？
その
会社の社長に
文句言ってくるっ!!
ミカ
ちゃん！
ちょっちょっちょっ
ちょっと待ってー!!
ダッ

人生のピンチに備えるセーフティネットとしての社会保障

イトコのコウちゃんが仕事中に大ケガしたと聞いて、病院に慌ててやってきたミカリン。コウちゃんはベッドに座って話はできるけど、包帯をグルグル巻かれ、ケガはかなりの重傷の様子。おまけに会社をクビになってしまったと聞いて、ミカリンは怒り心頭《しんとう》です。コウちゃんは、これからの生活をどうしたらよいのかとっても心配そう。…だって失業しちゃったら、生活費を稼ぐためにゼロから新しく仕事を探さなくちゃならなくなってしまいます。ただでさえケガで心が折れそうなのに、この先のことを考えると不安でいっぱいになり、気持ちが沈んでしまいます。

でも大丈夫。仕事中のケガが原因で治療に専念しなければならなくなり、働けなくなった場合に、休業する期間とその後三〇日間は解雇してはならないことが、法律で定められています(労働基準法第一九条)。会社の社長さんは、働けないからといって、すぐに労働者をクビにすることはできません。まずは弁護士を訪ねたり、行政等の労働相談窓口に早急に出向いて相談しましょう。それともう一つ、コウちゃんには社会保障という強い味方がいます。特に今回の場合には、仕事中に起きた事故でケガをしたわけですから、労働者災害補償保険(労災保険)が適用されるはずです。コウちゃんは、ゆっくり治療に専念してくださいね。

コウちゃんの例のように、突然のケガや病気など、予想もしていなかったことで働けなくなってしまうという状況は、誰にも起こりうることです。そんな時のセーフティネットとなる社会の仕組みが社会保障です。社会保障には、医療保険や介護保険、公的年金制度などの社会保険と、児童、高齢者、障がい者等を対象とする、国や自治体による社会福祉のサービスなどがあります。こうした社会の仕組みが私たちの生活の「もしものとき」の支えになります。

日本国憲法第二五条で、「すべて国民は、健康で文化的な最低限度の生活を営む権利を有する」と定められています。これは誰もが持っている権利なのですから、社会的なサービスを取り入れながら、人生のピンチを切り開いていきましょう。社会保障はそのためにあるのです。いつか困ったことが起きて生活が立ち行かなくなった時のために、みんなの税金が私たちの生活を支えている。そう考えると、社会に対する見方が変わってきませんか? 「自分のことは自分で何とかする」という自己責任の考え方だけでは、安心して生きることはできません。私たちは気付かないところでつながって、社会の中で支え合って生きているのですね。

コラム

心の在《あ》り処《か》としての「第三の場所《サードプレイス》」

高齢化が進展する今日、二〇一五年現在の六五歳以上の高齢者が占める割合は二六・八%となりました。今後、高齢化率は増加の一途をたどり、二〇三〇年には三一%あまりと推計されています。あと一五年後のことになりますね(図2)。今、高校生のあなたはその頃、三〇代に入って仕事にも慣れ、職場の中堅どころとして力を発揮し始めている頃でしょうね。自分の家族を持ち、子どももいるかもしれません。考えてみれば私もその頃、すでに高齢者の仲間入りをしています。仕事からリタイアし、基本的に毎日が日曜日のような状態になると、自分の家の中、そして地域の中での生活が中心になります。現在、地域について、普段からどのくらい意識して暮らしているかといえば、あまり考えていない、考える時間がない、というのが正直なところかもしれません。あなたはいかがでしょうか?

かつて、私は中学生が「地域」という言葉からどのようなことを連想するのか調査した

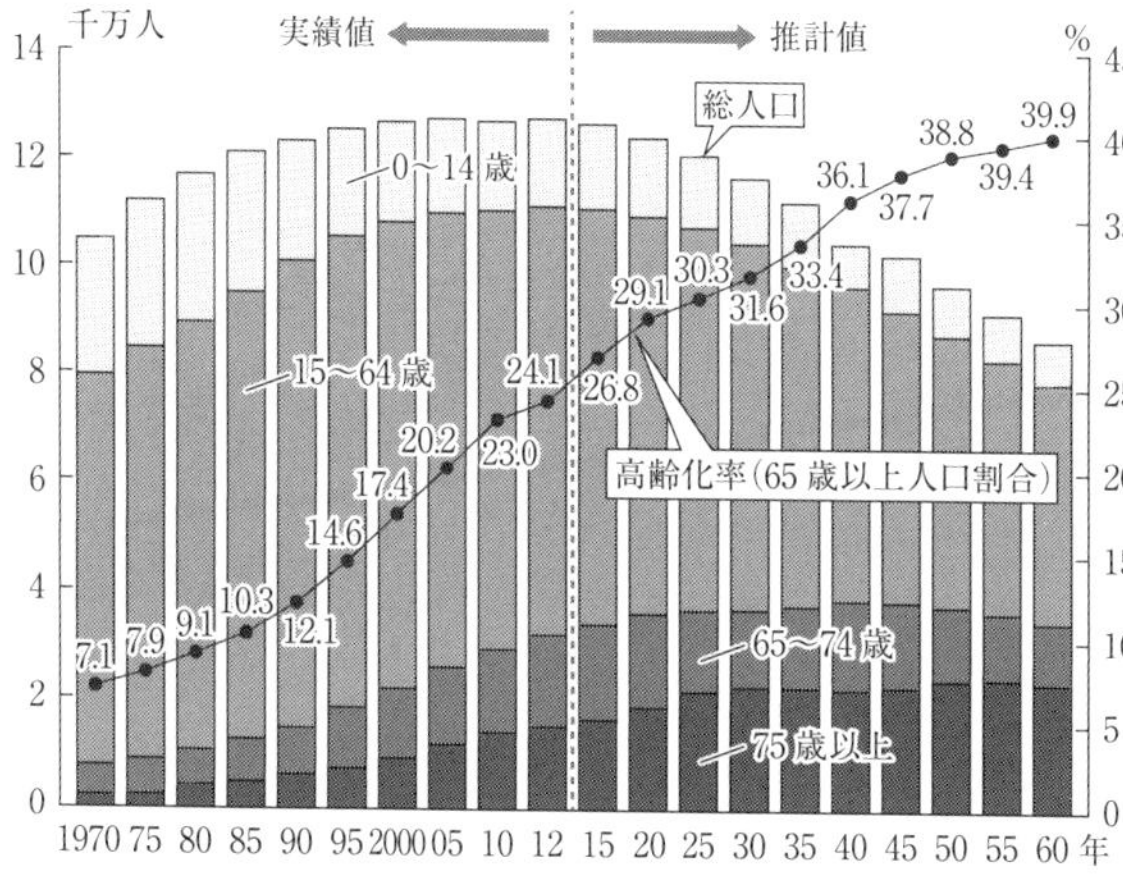

図2　高齢化の推移と将来推計(内閣府『平成25年版高齢社会白書』をもとに作成)

ことがあります。その結果明らかになったのは、中学生にとって「地域」と聞いて思いつくのは、塾や習い事、学校や公共の施設などでした(大竹美登利・日景弥生編『子どもと地域をつなぐ学び――家庭科の可能性』／東京学芸大学出版会／二〇一一年)。二〇一五年度に内閣府により実施された「住生活に関する世論調査」では、「地域との交流・つながりを持ちたい」と思う人々の割合は、三〇代では三三・三%に過ぎないのですが六〇代になると五二%まで増加します。学校は、地域の拠点として重要な役割を持っています。「地域に開かれた学校」という言葉が使われる昨今ですが、学校が地域に開かれていく、という実質的な形とは、どのようなものだと考えられますか？　それはきっと、子どもたちが地域の中で見守られ、地域に住む多様な人々が学校に来てその経験を子どもたちに語ってくれて、子どもたちにとっては学校という学びの空間が社会へとつながっていく、そんな出会いの場になることを意味しているのだと思います。家庭・学校そして社会が並列ではなく重層的に混じりあって、あなたが日々を過ごす生活圏となり、あなたの人生のフィールドとなる、そんなイメージが、これからの高齢社会を支える「地域」の姿なのではないかと考えます。

そう遠くはない将来に、三人に一人くらい高齢者がいる社会が到来することを思うと、高齢者になってからの日々をどうやって不安なく過ごしていけるのか、まだ想像しにくいとは思うけれど、若いうちから考えて実践していかなければならないでしょう。健康に留意することは一番の基本だし、生活を安定させるための金銭的な心配や社会保障の充実も必要だけど、そのほかにも高齢になってからの生活の拠点をどう考えたらいいのか、という漠然とした問いが頭をめぐります。そんなことを考えていた時、出会った概念が「サードプレイス」。これは、アメリカの都市社会学者であるレイ・オルデンバーグの著書（『サードプレイス――コミュニティの核になる「とびきり居心地よい場所」』忠平美幸訳、M・モラスキ

―解説／みすず書房／二〇一三年）に詳しく述べられています。

オルデンバーグによれば、原著では「グレート・グッド・プレイス」となっていますが、この場所すなわち「サードプレイス」とは「人の集まってくる〈中立の領域〉」（前掲書六八頁）であり、そこは立場や世代を超えて「人を平等にする」場なのです。具体的には、街角のいきつけのカフェや趣味のサークルなどのように、公的な「もう一つの我が家」のような空間が相当します。いわば、「家族」という身近で私的な関係ではなく、「職場」という役割と立場を背負い振る舞うことを余儀なくされる場としてでもなく、「素」の自分の一面を出せる場所だと言えるでしょう。こうした自分自身の解放区を自分とのつながりの中にいかに豊かに紡いでいけるかが、充実した高齢期を過ごすために重要になってくると思うのです。家族や職場といったメインステージの外にも、緩やかだけれど確かな親しい他人との結びつきがありさえすれば、人は安心していられるような気がします。こういったコミュニティをどのようにつくっていくかがこれからの私たち、一人ひとりにとっての課題だと思っています。

現在、居住空間の共有による緩やかな人々の結びつきを実現するための一つの形として、コレクティブハウジングやルームシェアリングといった暮らし方が試みられてきています。

一九九五年の阪神・淡路大震災後の復興公営住宅で初めて日本に導入されたコレクティブハウジングは、その後各地で発展し、住人たちの共用スペースとしての食事室・台所や洗濯室、住人達の集いの場となる共有のリビングスペースなどを設け、世代を超えた人々が生活しています。暮らし方に一つだけの「正解」はありません。自分にとっての「第三の場所」を見つけながら、これからも私たちは、生活という営みと向き合い続けていくことでしょう。

6章
生活することが，社会を変える

安ければ安いほどいいの?!

高校生ナナコの場合

この商店街シャッターの閉まったお店ばかりになっちゃったよね
ここ…
子どものころからお祝い事のたびに家族で来てたの
いらっしゃい
何握りましょうか？
マグロ！
ハハハ
ナナコはまたマグロかー
すごくおいしかったのに…
高いからダメだったんだよー
そうかなあ…
安いのが一番だもん
本当に
安ければ安いほどいいのかなあ…？

「♪レンガ色の壁に閉店の貼り紙…」

「…好きな場所ばかりが消える♪」(作詞松井五郎／作曲玉置浩二)で始まる「風の指環」という曲があります。「おなやみ相談」漫画のシチュエーションと同じ情景です。

最近、僕も「えーっ、またなくなっちゃったの！」とぼやくことが増えています。気付いたら、素敵な店が閉店してたり、美味しい食べ物が製造中止になってたりするんですもの。もう二度と行けない、食べられないと思うと切ないです。ときには胸が痛むこともあります。

切ないのは、慣れ親しんだものを失うのが、自分の一部を奪われるのと同じことだからなのだと思います。そして胸が痛むのは、自分でもちょっぴり責任を感じるからです。

実は、素敵な店だと言いながら最近はちっとも行ってなかったり、美味しいといいながら最近は全然買ってなかったりしたんですね。そんなことだから、なくなっていることに「急に」気付いたりするんです。僕は、「大好き！」なんて調子のいいことを言いながら、全然見向きもせず、「浮気」ばかりしていたんですね。やっぱり責任あると思います。胸が痛みます。

でもね！　言い訳するわけじゃないけど、近所に新しい店がオープンしてたり、テレビで新商品のCMが流れたりしてたら気になるじゃないですか。誰だって、ちょっと行ってみよう、ためしに買ってみようと思いますよね。しかも最近はその数が半端なく多い！　それに、昔から馴染《なじ》んできて、あるのが当たり前だと思っている店やモノが、そんなに簡単になくなるなんて思いもよりません！ってことなんですよね。あ〜あ。

実際、なくなってしまってからため息をついても始まりません。自分にとって大切な場所やモノがあるなら、自分が率先して大切にしなきゃいけないんです！「そんな当たり前のことに今頃気付いたのか」と言われそうですが、お金を使うとき、できるだけ自分が応援したいものに使おうと心がけていると、使えば使っただけ財布は軽くなるけど、その分心が豊かになるような気がしてくるから不思議です。納得してお金を使っているからかなと思います。

例えば、僕はチョコレートが大好きなんですが、原料のカカオ豆の生産地の中には、子どもが学校にも行かせてもらえないまま無理やり働かされている、なんていうところもあります。ひどい親だと思うかもしれませんが、低賃金労働なので、自分が必死に働いても子どもを学校にやる余裕なんてないんです。でも、そのおかげで僕たちはチョコレートが安く買える！「お得」と思うか、カカオ豆労働者にちゃんとした賃金を払って作っている「フェアトレードチョコレートを買う」か。何にこだわるかがそれぞれの選択ということなんだと思います。

このレンコン食べられる??

ミカリン＆ユカ姉妹の場合

おなやみ相談

レンコンって…こんな黒い斑点あったかしら？
えっ？本当だ
ちょっと…切ってみるね
うぅん
わっ
ねえ すごい糸引いてる！
えー!?
色もなんとなく黄色っぽいし…
どうしよう
このレンコン傷んでるのかな…？

まずは知ることから始めなきゃってところかな

僕も初めてレンコンを切った時、「なんじゃこりゃ！」と思いました。正確には切った時ではなく、すり下ろした時ですけどね。黒い斑点《はんてん》は「取ればいいか」と、あまり気にならなかったけど、ネバネバは衝撃でした。レンコンが糸を引くものだという認識が僕の中になかったからです。でも、「ネバネバで当たり前だよ」と教えられ、「そういうものか」と思うと逆におもしろくなりました。たまたまですが、そのとき作ろうとしていたのが「レンコン団子」だったからかもしれません。ネバネバがかえってうれしいというか、頼もしく思えたのです。

レンコンって、漂白して売られている場合も多いし、知らないと「おなやみ相談」漫画のようなことになっちゃいますよね。というか、そもそも「レンコンなんて自分で買ったことないし」という人も多いでしょう。レンコンを自分で料理する人は確実に減ってそうです。

最近は調理済み食品や加工食品が増え、自分が食べているものの原材料をあまり意識しなくなりました。でも、ホントにそんなことでいいんでしょうか？　人間のからだを作っている物質は長くても三年ですべて入れ替わるという説を唱えている人もいます。体を作る材料はすべて食べ物です。自分が何を食べるかで、将来の自分の体は確実に大きな影響を受けます。そう思うと、僕なんかは、食品を選ぶのにもちょっと慎重になってしまいます。

生鮮食品は産地をチェックしたら、新鮮かどうか、傷んでないかなどを見て選べばいいので、それほど問題はありません。経験を重ねれば大丈夫です。問題は加工食品でしょう。見た目だけでは何が何だか訳がわかりません。

でも、大丈夫。加工食品は、原材料名、内容量、賞味期限、保存方法、製造者、販売者などの表示が義務付けられていますから、買う前にそれらの表示を見ればいいんです。特にしっかりチェックしておきたいのが原材料名。使われている材料を重量の重いものの順に書くことになっていますから、どんなものでできているかが大体わかります。

最近は、一目では読めそうもないカタカナ文字がズラーッと並んでいるものが多いですね。そのほとんどは食品添加物です。加工や保存、味や見栄《みば》えを良くするために使用されます。安く大量に作り、長期保存できるようになるのです。食品添加物は確かに便利ですが、食品としての価値はありません。だから添加物なのです。家庭の台所では誰も使いません。

加工食品でも、昔ながらの製法で作られているものは原材料がとてもシンプル。この前買ったせんべいなんか、「米、塩」だけでした。まず表示を見る癖をつけることから始めましょう。

じいちゃんが農家をやめる？

高校生ユウタの場合

おなやみ相談

でも　じいちゃん
「おいしい野菜をみんなに食べてもらうのが生きがいだ」って言ってたじゃない！
オレだって小さい頃から手伝わされ…
手伝ってきたのに！
ユウタ…
そんな…
そんなに言うんなら
おまえが継ぐか？
この畑
ん――――
それはもうちょっと考えさせて
なっ!?
まったくお前というヤツは～～～！
期待させといて！
ブツブツブツブツ

ユウタくん、よく考えたほうがいいかも！

一九六五年に七三%だった日本の食料自給率は、今や四〇%弱となり、先進国のなかでは最も低い。僕たちは食べ物の半分以上を外国に頼っている。しかも、世界の飢餓《きが》人口は現在八億人以上といわれ、世界規模で見れば食料は完全に不足状態である。

小麦・トウモロコシ・大豆の価格はここ一〇年で二倍に跳ね上がった。家畜のえさやバイオ燃料などに利用されることが増え、その影響で食料用が不足気味になっている。最近は家畜を穀物などで育てるケースが増えているが、食肉一kgを生産するのに、鶏だと四kg、豚だと七kg、牛だと一一kgの穀物が使われる。なのに人類の肉食化はどんどん進んでいる。世界の人口は今後もしばらく増え続けると予想されているが、穀物中心の食生活なら、それでも賄《まかな》えるという試算もある。しかし、現実は逆方向に進んでいるのだ。

異常気象や災害の問題もある。真っ先にやられるのは農産物だ。戦争や紛争も絶えない。僕たちの食料を生産してくれている国が大規模な異常気象や災害に見舞われたり、僕たちとの間でもめ事が起きたら…間違いなく食料の輸入はストップする！

ということだけが理由というわけでもないでしょうが、今、農業や漁業など、ここしばらく後継者不足に悩んできた食料生産部門が、少しずつ見直され始めています。一〇年先、二〇年先、あるいは、ユウタくん世代の平均寿命である六〇年先のことを考えると、農業などがこれからの重要な産業として返り咲くのはほぼ間違いないだろうと思われます。

以前、農業に携わって五〇年以上というベテランの方が、こんなことを言っていました。

「五〇年というと長いことやってるみたいに聞こえるじゃろうが、ワシはまだコメを五〇回しか作っとらん。わからんことだらけ。素人みたいなもんじゃ。毎年毎年が試行錯誤じゃよ」。

言われてみれば、確かにコメなどは年に一回しか育てることができません。年によって気象条件も異なるでしょうし、植えつける種類を変えればやることも変わってきます。昨年の失敗を今年に生かそうと工夫しても、それで必ずうまくいくとも限りません。本当に毎年試行錯誤でしょうね。大変です。でも、自分の努力が生かされるクリエイティブな仕事ですよね！

農業を継ぐということは、一緒に作業をしながら、先人が身に付けた努力や工夫を受け継ぐということです。師匠《ししょう》が元気に働いてくれているうちは、現地で働きながら様々なことを学べますが、師匠がリタイアしてしまえば、もう豊富な知恵を受け継ぐことができなくなってしまいます。ユウタくん。おじいちゃんが元気なうちに、よく考えて結論を出してくださいね！

買い物はよく考えて

高校生ミカリンの場合

おなやみ相談

根気強く
ネットショップを
まわって
見つけたの
掘り出し物
でしょ～!?
キャッ
キャッ
……
……
すごいよ!
ミカリンって
買い物上手
なんだね!
ユウタくんに
喜んでもらえたら
いいなって思って…
ぎゅっ
嬉しいよ…
開けてみて
いい?
もちろん
ガサ
…ん?
ミカリン…?
ガサ
この
Tシャツ…
かなり
ぶかぶか…
5L
あ～～
サイズ間違えた!!
ど～ん…

素質はあるよ、ミカリン！

プレゼントって難しいです。僕なんか、そもそも何をあげたらいいか全然わかんなくて、いつも困っていますもの。今回はミカリンに見習いたいことがいっぱいあります。

まず、相手の誕生日を覚えていたこと（えっ、そんなの当たり前だよって？　そうなんですね。僕の場合、まずはそこを反省しないといけないんですね）。そして、あげたら喜んでくれそうなものがちゃんとわかっていたこと。僕はここが一番すごいと思います。

ミカリンは、たぶん普段から相手の話をよく聞いているんでしょうね。会話の中でたまたま出てきた話題から、相手の好きなブランドをしっかりチェックしていたのでしょう。さらに、ほとんど値下げしないブランドのものを、根気よくネットで探し続け、なんと「八〇％オフ」の商品を手に入れたのです。これを「すごい」と言わずに何と言いますか。

確かにサイズは間違えました。さすがに僕もそこは見習おうとは思いません。今回の場合、ブランド物で八〇％オフの商品をネットで買ったということですから、おそらく返品や交換はできないかな。そもそも、ユウタくんに合うサイズの商品だと八〇％オフのものはなかったという可能性も高いですね。八〇％オフで喜び過ぎて、サイズ確認を怠《おこた》っちゃったんですね。でも、たぶん次からは同じ失敗はしないでしょう。ミカリンの将来はなかなか有望だと思います。

そもそも買い物って、「本当に必要か」とか、「今買って大丈夫か」とか、「その品物でいいのか」とか、「どの店で買うか」とか、「健康への影響はないか」とか、「環境への影響はないか」などなど、いろんな要素が複雑に絡み合っていて、けっこう大変な作業です。日常の少額の買い物ならまだしも、少し高額なものを買うとか、車を買うとか、家を買うなんてことになったら、頭が破裂しそうなくらい悩ましい問題がいっぱい出てきます。支払いの問題もあります。

一八歳を過ぎるとクレジットカードが作れるようになります。でも、「いつもニコニコ現金払い」がわかりやすくていいという人はカードなんて作る必要はありません。カードで得する場合もありますが、カードで損をしたり、借金でどうしようもなくなる人が増えています。

それでもクレジットカードを作るのなら、一つだけ注意があります。カード会社からはものすごく勧められるでしょうが、「リボ払い」だけはやめておきましょう。クレジットは「借金」と同じです。翌月に返すなどしていれば利息は付きませんが、リボ払いはいくら借りても「毎月の返済額が一定」を売りにしていて、この超がつく低金利(年利〇・〇二五％)時代に、年利一五％前後もの利息が設定されているからです。損です！　相手の思うつぼです！

♡♡♡を見ようとしたら…

高校生タクミとユウタの場合

おなやみ相談

じゅっ 10万円!?

なんだよコレ！ 無料って書いてあったのに！

退会しようぜ 退会！

よし！

退会ボタンを…

ピッ
ちょっ
3日以内に払わない場合は15万になるって出てきたぞ！

個人情報を調べて告訴する場合もあるって…！

退会手続きが完了しました
視聴料の支払いがまだ済んでいません。有効な契約です。3日以内に支払いが完了しない場合、料金は15万円になり弁護士を通じて個人情報を調べて告訴する場合もありますのであらかじめご了承
どうすんだよタクミ…

ハア？

このサイトを教えたのはユウタだろ!?

責任とれよ！

どうしよう！

これって払わなきゃいけないの——!?

若者よ！ネットの海を軽やかに泳ぎぬけ！

そうなんですよねえ。「後ろめたい」とか「恥ずかしい」とか「秘密にしておきたい」などという、ちょっと人には知られたくない類のネガティブな感情が背景にあると、ついつい冷静な判断ができなくなっちゃうんですよねえ。わかります。よ〜くわかります。

でもね、ちょっと落ち着いて考えてみましょう。もしこれが「♡♡♡」ではなく、「海洋汚染と深海生物に関する学術調査論文」だったり、「開発途上国における援助金と感染症の相関に関する研究報告書」などというもので、「それを見ようとしてクリックしたら一〇万円請求された」のであれば、タクミくんとユウタくん、「どうしよう！」「これって払わなきゃいけないの——?!」なんてこと、絶対に考えないですよね。必ず誰かに相談しますよ。というか、そんなことあり得ないし、おもしろすぎて、きっと誰かに言わずにはいられないだろうと思います。

結局、そういうことなんですよ。悪質な商法やネット詐欺《さぎ》に引っかかるときは、だまされる側にも何らかの事情というか、状況があるんですね。例えば、オレオレ詐欺などは「我が子を思う親心」という心情を巧みに利用しますし、デート商法なんかでは「彼女または彼に嫌われたくない自分」という状況へと巧みに誘導されてゆきます。だから、まずは落ち着くことです。「おなやみ相談」漫画の場合は、さらに「インターネット」という状況が重なっています。インターネットの普及は世の中を大変便利にしてくれました。読者の中にはきっと「スマホのない生活なんて考えられない」という人もいることでしょう。でも、インターネットが我々にもたらしたものは便利さだけではありません。「正体を隠したままで繋《つな》がる」という、今まで人類が体験したことのない「人間関係」がネット環境によって出現したのです。

僕たちは今までずっと、コミュニケーションの大部分は非言語領域、すなわち「表情」「しぐさ」「声の調子」「視線」など、言葉以外のいわゆる「雰囲気」の部分で行い、相手が本当に信頼できる人物かどうかは、そこの部分で判断してきました。電話で微妙な話をした場合、どこか不安が残るのは、やはり表情が見えないと相手の真情がわからないからなんですね。

ネット社会では、信頼関係を確かめないまま、お金や商品のやり取りをするのが「当たり前」になっています。これはかなり危険なことだし、実際にトラブルも多発していますね。しかしもう元には戻れません。良くも悪くも、僕たちはこんな社会を生きてゆくしかないのです。

困ったときは信頼できる大人に相談するとか、消費者ホットライン(一八八番)を利用するなどしながら、あなたには、なんとか無事に生き抜いて欲しいと思います。

衝動買いで大失敗！

高校生タクミの場合

おなやみ相談

ちょっと見せてごらん
ぴらっ
うわっ
何すんだよ！えっち！
あー やっぱり…
これ家では洗濯機洗いも手洗いもできないわ
えっ⁉
クリーニングだと3千円くらいするかもね…
さ…
3千円⁉
服より高いじゃない‼
一生汚さないで着なさい
そんなのムリだよ〜!!
ボリ
ボリ

買い物には注意すべきポイントがあります

新しい服って、なんだか心が弾《はず》みます。生まれ変わる、なんていうとちょっと大げさだけど、昨日の自分とはひと味違うぞ！みたいな気分とでも言えばいいでしょうか。

服に限らず、買い物という行為にはどこかそんなところがあって、なかには自己破産したり人間関係がおかしくなってもやめられない人もいるようです。「買い物依存症」ですね。

以前なら、買い物といえば出かけていくか売りに来られるか、みたいなことしかありませんでしたが、最近は、通販やらネットやらで、家でも学校でも職場でも通勤途中でも、どこにいてもどんな時間でも買い物ができる環境になりました。おまけにCMの技術も向上して、「買わなきゃ損」とか「持っていないと時代に乗り遅れちゃうよ」なんていう、露骨《ろこつ》に誘導的なメッセージも、きれいな映像や心地いい音楽、おしゃれなセリフなどによって上手にカモフラージュされているので、消費者もついフラフラと財布のひもを緩めがちになってしまいます。

モノを買うときに気を付けなければならないのは、「買う」ことそのものよりも、「買ったあと」のことをしっかり考えることです。本当に必要なのか、しっかり使い切れるのか、本当にその商品でいいのか、買う前によく考えてから買えば、まず後悔することはありません。「服は自分で選んで買う」という人は多いと思います。タクミくんのように後悔しないためには、いくつかチェックしておくべきポイントがあります。

①サイズ・デザインはOKか？　可能であれば試着します。同じMサイズでも、体のつくりは一人ひとり違います。部分的にブカブカだったりパツパツだったり。着心地が悪いとすぐに着なくなります。デザインや色目も見ているのと着てみるのとでは大違い。まずは試着です。

②品質はどうか？　素材や性能はタグを見ます。手入れがしやすいかどうかも取扱い絵表示を見ればわかります。漫画のように、本革製品が使われてると洗濯代も高くつきます。

③仕立てはしっかりしているか？　裏返したり、ポケットを軽く引っ張ったりして縫い方を見ます。ボタンのつけ方も確かめます。なかにはとてもいい加減な製品もあります。

④価格はどうか？　予算との兼ね合いも大切ですが、手持ちの服とのバランスを考えましょう。今あるものと気軽に組み合わせられたら、コーディネートの幅は随分広がります。

⑤生産の背景はどうか？　自分が買おうとしているものがどういう環境で作られているかなど、普段から気にしていなければなかなかわかりませんが、生産国の人権や環境に配慮しながら作られている製品も少しずつ増えてきました。関心があるなら、情報を集めてみましょう。

浴衣の着方，誰か教えて〜っ

高校生ナナコの場合

おなやみ相談

お母さーん
浴衣着せてー
うそ!!
出かけちゃったの!?
おばあちゃんを手芸教室に送ってきます。お母さんより
仕方ない ネットで着方を見ながらやろう
えーと
帯が難しいなー
こう?
こうかな?
わかんないよー
も〜〜〜〜〜〜〜〜!!
浴衣の着方誰か教えて〜〜〜〜〜〜!!

「生きた」文化を楽しもう！

浴衣《ゆかた》、自分一人で着られたらカッコいいですよねえ。もちろん、本気で練習すれば大丈夫。すぐに一人で着られるようになれます。だって、昔の人は誰でも一人で着てましたもん。

着物って、今ではどちらかというと「晴れ着」とか「高級品」って感じですけど、一〇〇年くらい前までは、日常着でもありました。自分で着られないほうがおかしかったんです。今、若い人たちの間で、浴衣や着物を着る人が少しずつ増えています。素敵なことです。ファッションに着物の要素を取り入れることで、おしゃれの幅がすごく広がりますからね。

着物に限らず、歴史の中で埋もれそうになりながらもなんとか耐え抜き、最近見直されているものはたくさんあります。例えば江戸絵画。明治初め、日本に「洋画」が入り出すと、江戸絵画は途端に「古臭くてつまらないもの」になり、二束三文で取引され始めました。それが今では、真似ようとしても真似できないくらい優れた絵画として注目されています。

明治維新で変な癖《くせ》がついちゃったというわけでもないでしょうが、ここしばらく僕たちは「何でも新しいものがいい」というようなものの考え方、暮らし方をしてきました。食べ物、服装、建築、音楽、美術などなど、昔からのものは古くてダサくて遅れてて、とにかく新しければイケてる、進んでるというような感じです。ちょっと単純すぎました。

最近は少し落ち着いてきて、本当にいいものなら、古いとか新しいとかに捉われず、きちんと目を向けようと考える傾向がみられます。手づくりならではの魅力を再発見し、職人に弟子入りする若者まで出てきました。でも、今を逃せば途絶えてしまいそうなモノや技術はたくさんあり、数十年後には取り戻したくても取り戻せなくなっているだろうと言われています。

伝統的なものの良さを次世代に伝えようとするとき、方法は二つあります。博物館のような場所で「記憶」や「記念品」のような形で保存する「死んだ」形式と、実際に生活の中で使い続け伝え続ける「生きた」形式です。「生活文化」として継承する形ですね。

おそらく、僕たちは歴史の分岐点に立っています。意識的に「残そう」「取り入れよう」と考えない限り、せっかく僕たちの世代まで継承されてきたものが、単なる「記憶」になり、やがてはすっかり忘れ去られてしまおうとしているのです。

新しいものと古いもの、両方の現物と触れ合える僕たちの立っている場所は、本当はとても贅沢《ぜいたく》な場所なのです。古い新しいに捉われず、本当にいいものを見つけ、積極的に生活の中に取り入れてゆけば、いつの間にかあなたも、立派な「生きた」文化伝承者の一人です。

コラム

社会は僕たち一人ひとりがつくっているんだよ

僕は子どもの頃、「世の中は、大人たちが自分たちの好きなようにつくり上げたものだ」と思っていました。わけのわからないルールや決まりごとがいろいろあって、それで平等なら別に文句はないけど、実際にはずいぶん不公平だったりするんですよね。「適当なものをつくりやがって！　勝手な奴らだ」と、周りの大人たちをかなり冷たい目で見ていたような気がします。今から思うと、かなりひねくれた、可愛げのない子どもだったかもしれません。

でも、実際、自分が大人になってみると(この原稿を書いてる時点で五七歳ですから、十分に「大人」ですよね)、責任ある大人として「自分が社会をつくり上げている」あるいは「自分のやっていることが社会の現状に影響を及ぼしている」という実感はあまりありません。

子どもの頃の僕は、「社会のあり方は人間が決めたものなんだから、必ず誰か責任をとれる人がいるはずだ。その人が決断すれば社会はいい方向に変わるのに、なんでちゃんとやらないんだよ」と考えて、漠然とですけど、世の中に対して苛立《いらだ》っていたように思います。でもそれは、僕が子どもだったからというより、時代の影響が大きかったかもしれません。

一九七〇年。僕が小学校六年生のとき、大阪で万国博覧会(万博)がありました。そのときのテーマが何だったか知っていますか？ 年配の人なら、覚えている人はきっと多いでしょう。なんと、「人類の進歩と調和」でした。でっかく出たもんです。当時は、僕だけではなく、世の大人たちも、「いずれ世の中は、人類によって完全にコントロール可能になるだろう」なんて考えていた(あるいはそう信じたかった?)ということなのかもしれませんね。

もちろん社会は人間がつくり上げているものですが、一部の人で全体をコントロールできるかといえば、そんなことは不可能です。今なら子どもでも知っています。だって地球温暖化、異常気象、民族間の紛争、国際テロ、貧困問題、放射能汚染、地震、火山の噴火、少子高齢化問題などなど、今思いつくままに挙げたこれらの中のどれ一つを取り上げても、誰か一人の力で、一部の人の号令で、なんとかできる問題はありません。

「人類の明るい未来を信じて夢見ていればいい時代」は終わってしまいました。

僕たちは、これからの社会を現実と向き合って生きていかなければなりません。「グローバル化」だとか「宇宙進出」だとか、相変わらず威勢のいいことを言っている人たちは大勢いますが、誰にも全体像が見えているわけではありません。それが人類全体の、かつ個人それぞれの「幸せ」に結びつくかといえば、はなはだ疑問だと言わざるを得ないでしょう。

浮ついた気持ちで人任せにし、「何とかなるだろう」なんていう、いわゆる「思考停止状態」に陥っている人が多ければ多いほど、人類の先行きは不安です。「まずは自分が」と考え、「地に足の着いた」「生活に密着した」行動を実際に始めてゆく人が、一人でも多くなることだけが未来への「希望」です。だって「個」が集まって「集団」を形成してるんですから。

6章で扱っているのは、いわゆる「消費経済」の分野、なかでも消費者としてのあり方に関する内容です。消費者は、個人個人としては力が弱く、何かあってもなかなか大企業と戦うことなどできません。そこで、「保護されるべき存在」という意味合いから「消費者の八つの権利」が謳《うた》われ、世界中で権利を守るための法律が設けられています。

消費者の八つの権利…①安全を求める権利、②知らされる権利、③選ぶ権利、④意見を反映してもらう権利、⑤被害を受けた際に補償を受ける権利、⑥消費者教育を受ける権利、⑦健全な環境の中で働き、生活する権利、⑧生活の基本的ニーズが保障される権利。

しかし、最近強調されるようになってきたのは、「消費者の五つの責任」です。

消費者の五つの責任…①批判的意識をもつ責任、②自ら主張し行動する責任、③社会的弱者に配慮する責任、④環境に配慮する責任、⑤連帯する責任。

先日、テレビを見ていたら、フィンランドの人がこんなことを言ってました。

「この間、一週間ほど東京に滞在したんだけど、街にごみ箱がないんだね。ランチタイムのごみ、どうするんだろって見てたら、みんなポケットに入れて持ち帰ってた。びっくりした」。

東京も、昔はいたるところごみだらけだったと聞きます。でも、今では道にごみを捨てる人がほとんどいなくなって、外国の人にこんなことを言ってもらえるようになりました。うれしいです。まずは自分でやれることを見つけて、コツコツと続けていけたらと思います。そして、できれば仲間を増やし、助け合える関係をつくっていけたらいいですよね。

今、特に過疎化が進んでいるような地域には、「自分が地域を支えている」という意識で生活している人が大勢いるといいます。自分の生活が地域と繋《つな》がっていることを意識する人が増えれば増えるほど、地域社会はますます暮らしやすくなってゆくそうです。当然ですよね。

社会は僕たちがつくっているんですから。

7章

人生をデザインする

人並みの「シアワセ」って何？

高校生ナオキ(17歳)の場合

オレが好きになるのは
みんな男だった
すごく好きなのに
本当に好きなのに
カワイー
その気持ちは
いつも
絶対に言えなかった
こんな彼女欲しいよな〜
こういう人たちって結婚とか子どもとかどうするのかしら?
フツーの幸せが手に入らないのは大変よね〜
「フツー」?
「フツーの幸せ」
…って何だ?
こんなオレは
幸せになれないのか?

「フツーの幸せ」って何？――自分らしく生きられること

ナオキ君は、好きになる相手が同性だということをずっと胸の内にしまってきたんだね。友だちが恋バナに盛り上がり、女の子の噂話をする横で話を合わせながら、「みんなとは違う」自分とひっそり向き合い続けてきたのは、すごくつらいことだったと思います。おねえキャラのタレントが面白おかしく振る舞う姿、そしてその姿を見て笑い転げる人たちがいる中で、ナオキ君はとても笑う気になれないんだろうな。ナオキ君の気持ちを考えると、「もっと自然に、誰にも遠慮せずありのままに振る舞えて、「好きだ」と告白できて、当たり前のようにそこにいられたらいいのに」って思っているんじゃないかな。

私たちの「からだの性」は、「こころの性」と同じ方向を向いているとは限りません。さらに、誰かを「好きになる性」がどういう対象に向いているのかによって、人のセクシュアリティは多様なグラデーションを示します。LGBT(レズビアン・ゲイ・バイセクシュアル・トランスジェンダー)など、同性愛者・両性愛者のほか、自分の性別に違和感を覚える性的マイノリティの人々は、日本の人口の五%以上いると報告されています。この割合は、一クラス四

○人の学級の中に、二人くらいは存在している可能性を示唆しています。性的マイノリティだと自認し、本当の気持ちを友だちにも親にも先生にも話すことができず、ナオキ君のように自分を偽って学校生活を送っている子が、あなたのクラスの中にいる可能性は高いのです。ただカミングアウトしていないために、目につかない・気付かれないだけで、実際には、あなたの友だちの中にも、ナオキ君と同じ悩みを抱えている子がいるかもしれません。

ナオキ君のお母さんは「フッツーの幸せ」が手に入らないのは大変よね、と同情のまなざしを向けるけれど、「フッツーの幸せ」って何だろう？　結婚して、子どもが生まれて、一家団欒《だんらん》……そういうのが、「フッツーの幸せ」？　でも、多くの人がやっていると思えることを自分もやったからといって、それが「幸せ」だとは限らないんじゃないかな。

なにより大事なのは、一人ひとりが「自分なりの幸せ」を手に入れられるようにすることだと私は思います。もちろん、「自分なりの幸せ」のために、ほかの人の幸せを否定したり妨害してはいけないし、誰もが幸せになるために生きていると実感できる世の中でありたいよね。誰もが他に代わることのできない唯一無二の、他者とは異なる存在なのだから、「みんなとは違う自分」に自信を持って欲しい。同時に、「自分とは違うあの子」を尊重し受け入れられるようであって欲しい。「自分らしく生きる」って実はシンプルなことなのかもしれないよ。

やっとなれた正社員，とはいうものの…

会社員マコト（20歳）の場合

おなやみ相談

現実は厳しい――
自分の時間が全然ないんだもんな～
ゴキ
ゴキ
ひと仕事終える前にこっちが倒れるっつーの
はー
あーあ
高校生のときやってたアルバイトは
楽しかったよな～
こんな会社にいるくらいなら
また
アルバイトに戻ろうかなあ…

正社員のメリット・デメリット——理想の働き方を手にいれるために

会社で新人のマコトさん。もう夜の九時を回ってさあ帰ろうかと思ったときに、先輩が書類の山を持ってやってきて「明日の朝までにやっといてくれ」だなんて、気が遠くなりそうですね。九時から始めたらどんなに早くても一〜二時間はかかりそう。今日中に帰宅できるかどうか、わかりませんね。それでも朝になれば、定刻までに出勤しなければならない。都心までのラッシュアワーは、寝不足の身にはことさら堪《こた》えます…。正社員になろうとして就活を頑張っていた頃は、正社員になったらすべてバラ色に思えたんだろうな。

だけど現実は、毎日の忙しさはもちろん、休日出勤もあり、自分の自由に使える時間なんてまったくない！　大体、体が持たないよ、とマコトさんはぼやいています。頭をよぎるのは、高校時代の楽しかったバイト。今思うと、アルバイトって自分らしく働ける、いい働き方だったんじゃないかなあ…と、アルバイトに戻りたい、という気持ちが湧きあがってきていますね。

マコトさんの気持ちもわからなくはないけど、今の仕事がつらいからといって、正社員よりアルバイトがいい、とは決して言い切れないと思いますよ。だって、正社員には、アルバイト

にはないメリットがたくさんあるのですから。アルバイト、つまり非正規雇用で働く人たちは、時間単位の働き方が多いので、時給でどれだけ稼げたかがすべてです。ボーナスもないし、もし体調を崩して出勤できなかったら、その分の収入は得られません。社会保障も適用されず、勤続年数が昇給につながる可能性はわずかです。正社員、つまり正規雇用の人と比べると、長い目で見たときに圧倒的に不利になってしまう。若くて元気で、自分の可能性を信じて、いろいろな夢を持ちチャレンジしたいと思っているうちは、アルバイトという働き方が輝いて見えるかもしれないけれど、夢だけでは、生きていけないのです。その一方でもちろん、正社員ということで、逃れられない仕事や制約がある、というデメリットも存在しています。

…とはいうものの、マコトさんの今の会社、ちょっとひどいよね。もっと、社員がやりがいを感じて働けるような職場にならないものでしょうかね。それに最低限、健康が守られるようでなければならないよね。就職してみて、その会社がブラック企業だということがわかったら、労働組合に相談し、会社に改善を求めるなどの道もあります。もし会社に組合がなかったら、個人で加入できる組合もありますし、行政にもそのような悩みを相談できる窓口があります。自分の健康と命を守るために、見切りをつけて退職するのも一つの方法です。でも辞めてアルバイトに戻る前に、やるべきことがあるはずだよ、きっと。

人生どうする?!

会社員マコトの場合

おなやみ相談

6億で本当に一生遊んで暮らせるのか？
80歳まで生きるとして…あと60年
家と車と生活費
結婚もしたいし子どもも欲しい
子どもってお金かかるのかな？
足りるの？
それに遊んで暮らすったってオレの遊びなんてたかが知れてるし
趣味 ゲーム
ズドドドド
チュチュン
ドードーン
毎日何をして過ごせば……？
どうしよう…
この6億円どう使えばいい!?
どうしようどうしよう
オレの人生これからどうしよう!?

「働く」ことの意味って何だろう

宝くじが当たったって！　それも六億円！　マコトさんじゃなくても「マジか〜！」って目を疑ってしまいますよね。六億円を手に入れたら「一生遊んで暮らせるぞ〜」って、マコトさんは大興奮。それはそうだよね。毎日朝早くから夜遅くまで働きずくめの会社勤めで、いい加減嫌気がさして疲れ切っていたからね…。ところが、ふと我に返って、マコトさんは考え始めます。「遊んで暮らせる」って、本当に可能なんだろうか？　そもそも、「遊んで」って、毎日何やったらいいんだろう？　さっきまでの幸せの絶頂から一転して、不安の底に落ちていった感じが伝わってきますね…。あなたなら、宝くじに当たったら、どうしますか？

日本人男性の平均年収は、およそ五〇〇万円といわれています。例えばマコトさんが、正社員で勤めて結婚して家庭を持って、子どもも育てて大学まで進学させて…といった今後の生活設計を考えたとします。六〇歳で定年を迎えるまで働き続けた場合に得られる収入の総額は、およそ二億円になりますね。六億円はそれをはるかに上回っていますから、想定以上の暮らしができることは容易に想像がつきます。「やった、ラッキー！」って、声が聞こえてきそうですが、本当にそう単純に喜んでいられますか？　確かに、何不自由ない毎日の暮らしは保障されるけど、でもちょっと考えてみてください。人は、何のために働くのでしょうか？

働くのは、「毎日の生活に必要な収入を得るため」だということはもちろんそうですが、決してそれだけではない、と私は思います。「働く」ということは、自分が今ここで生きている・存在している意味を表現する一つの方法だと思うのです。人は学び、視野を広げ、自分で考え、できることを増やしていきます。そうやって育《はぐく》んできた自分自身の力を社会に還元し、社会の中で活きる自分となっていく、それが自立の一つの形なのだと私は考えています。生活するために稼がねばならず「自己実現」は二の次だとか、「収入を得ることがすべてではない」という声も聞こえてきそうですが、あえて言いたいと思います。「働く」ということは、自分の持っている力を用いて社会とつながる方法です。収入は、あなたの働きに対する価値づけなのです。

あなたの力が人々から必要とされ、あなたは社会の一員として、人々の役に立っていく。それが、「大人になる」ということなのではないでしょうか。「遊んで暮らす」暮らし方は、自分自身のためだけの自己満足で一生を終えるということのように、私には思えてしまいます。私は、人生の終わりに振り返った時、やるべきことをやって完全燃焼できた、と満足できるようでありたいです。あなたはこれから、どんな人生を送りたいですか？

夢のマイホームなんだけど

高校生ミカリンとナナコの場合

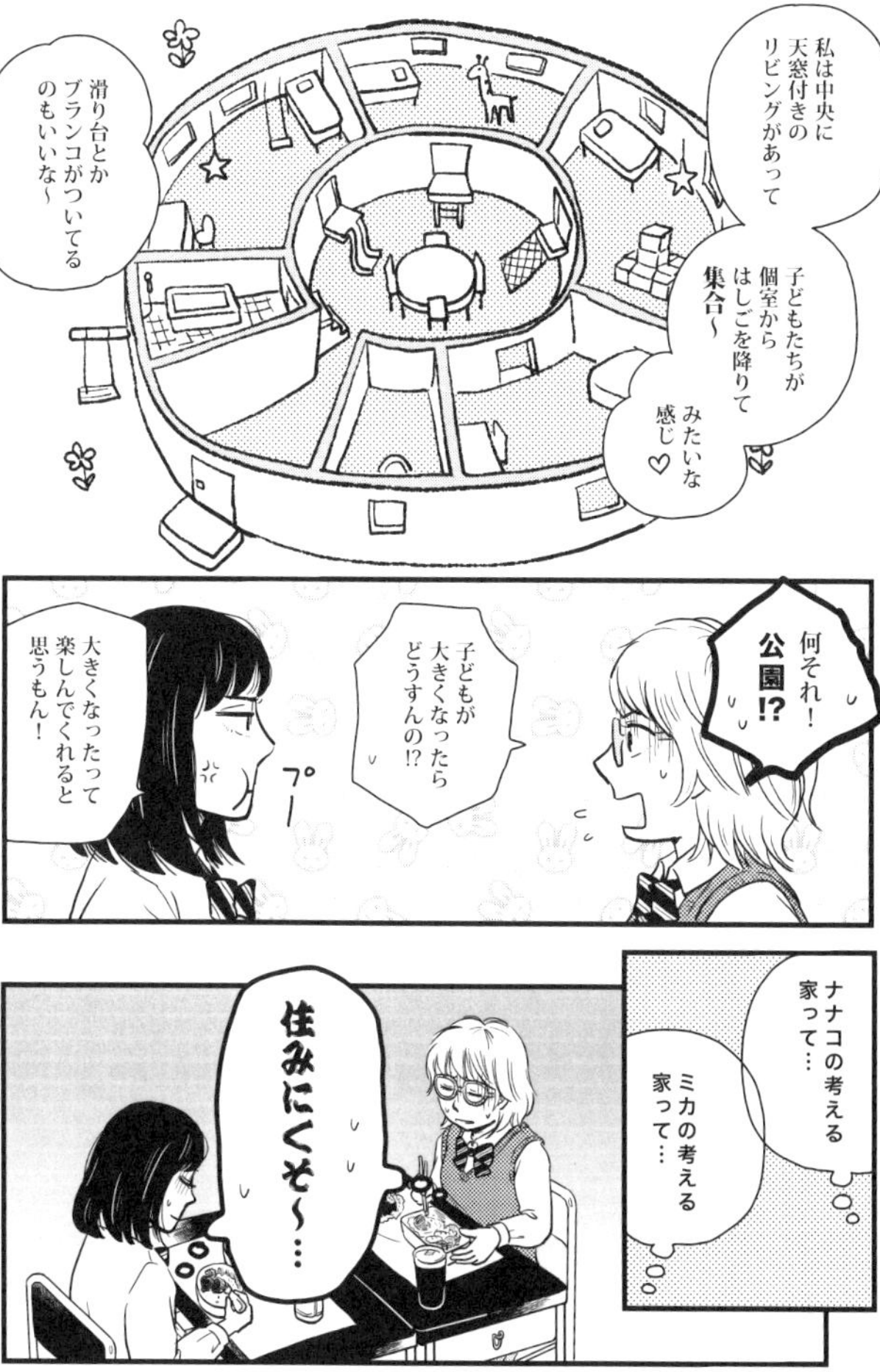
私は中央に天窓付きのリビングがあって
子どもたちが個室からはしごを降りて集合～
みたいな感じ♡
滑り台とかブランコがついてるのもいいな～
何それ！公園!?
子どもが大きくなったらどうすんの!?
プー
大きくなったって楽しんでくれると思うもん！
ナナコの考える家って…
ミカの考える家って…
住みにくそ～…

住まいは生活の「器」

「どんな家に住みたい？」って尋ねられたら、あなたはどう答えますか？　様々にイメージが広がりますよね。広い家、便利な家、楽しい家…もっと具体的に畳《たたみ》のある家とか、あるいはフローリングでなきゃとか、細部までこだわりがあるかもしれないですね。家は単なる建築物ではなく、中で人々が暮らす「器《うつわ》」です。あなたが住みたい家を考えるときには、どんな生活を誰とあるいは一人で、またはペット等と暮らすことを無意識の前提として考えているでしょう。あなたが理想とする「住まい」は、あなたの望むライフスタイルそのものを表しています。あなたはこれから、どんなライフスタイルを実現したいと思っていますか？

ミカリンとナナコの場合を見てみると、二人はまったく異なる生活の価値観を持っていることがわかりますね。ナナコは「なんでもサッと取りに行ける」と言っているように、生活の中の利便性を重視しているようです。「外から丸見えなのはイヤ」だけど、中で住んでいる者同士の間の壁はなくても気にならないみたい。むしろ、一緒に暮らす人たちはすぐに行き来できて、お互いの様子が見えて気配が感じられるような環境が理想なのでしょうね。一方、ミカリンの場合は、家の中が細かく小さな部屋ごとに区切られています。一緒に暮らしていてもそれぞれが独立した空間で過ごせることを重視しているようです。でも単に、一つひとつ区切られて住まいの中がバラバラに分かれているわけではありません。中央にはどの部屋からも入ってくることのできるリビングを位置付け、みんながそこで楽しめる共有空間を確保しています。

個人のプライバシーとみんなで共有するスペースの充実…その両方について、どのくらい必要とするかは一人ひとりの価値観によって違います。だから、自分一人だったら自分の望むスペースがありさえすればいいわけですが、誰かと複数で一緒に暮らそうとしたら、「みんな」が望むような住まいの形を考える必要がありますね。話が最初に戻ってきました。あなたは、どんなライフスタイルを目指したいですか？

人の一生を見通した時、その節目ごとにあなたが暮らす住まいの形も変わっていくことでしょう。高校を卒業して初めての一人暮らしのアパートの一室、就職して数年たって生活が安定した頃にもう少し条件の良いマンションに転居、結婚を考えるようになれば二人の生活に便利な環境の物件を探すことにもなるでしょう。キャリアを求めて、外国で暮らし始めるかもしれません。あなたがどこで誰とどんな暮らしをしようと、住まいはその時のあなたにとっての生活の拠点であり、人生のコアなフィールドとして、あなたを包む場所となるはずです。

世の中って良くなっているの？

高校生ユウタとアオイの場合

おなやみ相談

世の中って

良くなってるのかな？

悪くなってるのかな？

未来のための責任について考えてみよう――あなたも持続可能な社会の担い手

高校卒業までの日々が残り少なくなってきました。ユウタ君もアオイさんも、慣れ親しんだ高校の教室に来ることもなくなると思うと少しさびしいような気がする一方で、これから広がる新しい自分の未来への期待でうれしくもある、そんな気分だろうな。アオイさん、家庭の事情で進学を諦めなくちゃいけないかもしれない、と苦しい思いでバイトに励んでいた日もあったよね。でも本当に諦めなくてよかった。

アオイさんのひいおばあちゃんの時代には、大学に進学する女性は本当に一握りの少数派で、女性が自分の生き方を自由に決めることが難しかった。男性もまた、一家の大黒柱として収入を得ることが期待され、人生を模索する余裕すら与えられなかった…かつてはそんな時代もあったんだよ。私も、その時代を生きてきたわけではないので、実際にその頃に、高校生くらいの年齢の人たちがどんな思いをして暮らしていたのかは想像するしかないのだけれど、自分の思い通りに生きられなかったなんて、きっとすごくつらいよね。

現代は、個人の人権が憲法によって保障され、子どももまた一個の人格として尊重されなければならないという社会的コンセンサスがあります。まだ課題は残っているけれど、このような考え方ができるように、社会自体が成熟したと言えるでしょう。ほかにも、情報機器の発達により、すぐに誰とでも簡単に連絡を取り合える携帯電話やインターネットなどが容易に活用できるようになったし、交通網が整備され、短時間で遠くに行くことができるようになりました。飛行機で空を飛び、何時間かで海を越えた外国にも行けます。こういったことはみな、現代文明が私たちの暮らしにもたらした明るい「光」の部分です。

しかしその一方で、文明の進歩によってもたらされた「影」の部分もあることにお気付きですよね。温室効果ガスの排出による地球温暖化、木々の伐採による森林の枯渇《こかつ》、水産資源の乱獲によりもたらされた貴重な生物が絶滅にひんしている現状、様々な化学物質の流入による水質や大気の汚染…。環境破壊は、私たちにとっての「便利な生活」と引き換えに自然界から突き付けられた大きな代償です。社会の発展に伴い当時は見過ごされてきたこうした問題を、どうしたら少しでも改善していくことができるのか考え実践していくことが、今日の社会に生きる私たちの責任なのだと思います。「持続可能な社会」は一朝一夕に実現するものではないけれど、社会の仕組みを意識的に変え、一人ひとりが日々の生活の中で自覚することによって、少しずつ変わっていくことでしょう。あなたも、今日の持続可能な社会の担い手なのです。

人生のピンチ！　どうしよう…

未来のみんなの悩み

おなやみ相談

タクミくんとナナコは好きな仕事に就けて順調だよねー
まさか2人が結婚するとは思わなかったけど
タクミ
保育士
ナナコ
アパレル会社勤務
いやーそれが…私の転勤が決まっちゃって…
えっ
急だなあ…
どうするの?
うーん…しばらく別に暮らすかどっちかが仕事辞めるか考え中…
ナオキ
弁護士
アオイ
中学校教師
なんかさー
高校生のころは大人になったらもっとしっかりしてるかと思ってたけど…
サクラ
美容師
あいかわらず悩んでばかりだねー
あははは

人生はこれからが本番――「自立」していくあなたに向けたメッセージ

高校を卒業してから一〇年が経過しました。あの頃高校生だったみんなは、二七、もしくは二八歳です。会社でバリバリ働いて忙しくも充実した様子のミカリン、その彼氏だったユウタ君は、納得いくような仕事ができずに辞職して再就職活動中。念願の保育士になったタクミ君は、なんとナナコさんと結婚していたんだね！　サクラさんは美容師になり、アオイさんは中学校の教師となって、どうやら妊娠しているようです。ナオキ君も、笑顔で手を振っていますね。弁護士になって、ナオキ君なりの幸せを手に入れることができているのでしょう。

みんな、それぞれの人生をしっかりと歩んできた一〇年間だったのですね。一〇年って、長いようだけど短い。いま一〇代のあなたは、この先の進路を考え、これからの自分自身がどうなっていくのか決めかねて、不安な気持ちでいるかもしれませんね。私も、高校生の頃、そんな気持ちで毎日を過ごしていました。将来どんな大人になりたいのか、どんな生活をしたいのか、なかなか具体的に考えることができませんでした。美術部でポスターや油絵を描いていたけれど、すごい芸術家に見えた先輩や同級生を目の当たりにして、とてもああいうふうにはなれないと思っていて、文化祭前にだけ絵を描きに行くような、熱心とは言えない部員でした。じゃあ勉強を一生懸命やっていたかといえば、それなりにやらなきゃとは思っていましたけれど、学ぶ楽しさを感じていたかといえば、決してそうではなかった。暗記して、知識を詰め込んで、試験でよい点を取ること。それが、大学進学につながる道だとその時は思っていたし、それ以外の「学びの意味」を考えられなかった。そんな高校時代でした。

私は何がやりたいんだろう…そう思って、迷いながら大学に進学したという典型的なモラトリアム学生でした。大学に入ってからも、ずっと迷ってました。教師になるのが当たり前と思われている大学に入って、このままフツーに教師になるのかって。そんな私が、今では大学で学生たちに「教師になろうよ」って言い続けるようになったんです。何でこうなったのかって？　それはたぶん、試行錯誤する中で、「学校で学ぶこと」の意味と教師という職業の重要性、そして家庭科教育の意義を理解できたから。勇気を出して未知の世界に飛び込んでいったこと、新しい人との出会いを大事にしたこと。それから自分が体験して感じたこと・考えたことを言葉に変えて、文章で他者に伝えようとしてきたということが、「今の自分《わたし》」をつくってきたのだと思います。今、私は思いを言葉にしてあなたに伝えたくて、この仕事をしているのです。あなたの人生はこれからが本番です。一〇年後にまた、お会いしたいですね。

コラム

悩むことは生きること――「今」を見つめて一歩踏み出そう

さあ新学期だ、と思っていたら、いつの間にかクリスマスのイルミネーションが輝く頃になり、新しい年を迎え、入試の時期が来て、卒業の日を迎えますね。このような一年の繰り返しで、日々は過ぎていきます。こうした「当たり前の日常」の中で、私たちは人と出会い、物事に対処し、自分の立ち位置を見つけながら生きています。それは、穏やかな幸せやきらめくような喜びを感じるようなことばかりではなく、暗くて辛い、泣きたくなるような出来事とも背中合わせです。あなたは今、どんな気持ちでいるのでしょうか。

世論調査によると、日常生活の中で「悩みや不安を感じている」という人は、六六・七%です。年代や性別によっても若干差がありますが、どの年代でも六割を超える人がそのように回答しており、大きく異なってはいません。悩みや不安を感じることなく屈託のない日々を過ごせている人よりも、断然多い数値です。

では、どのような悩みや不安なのかといえば、図3に示すように、「老後の生活設計に

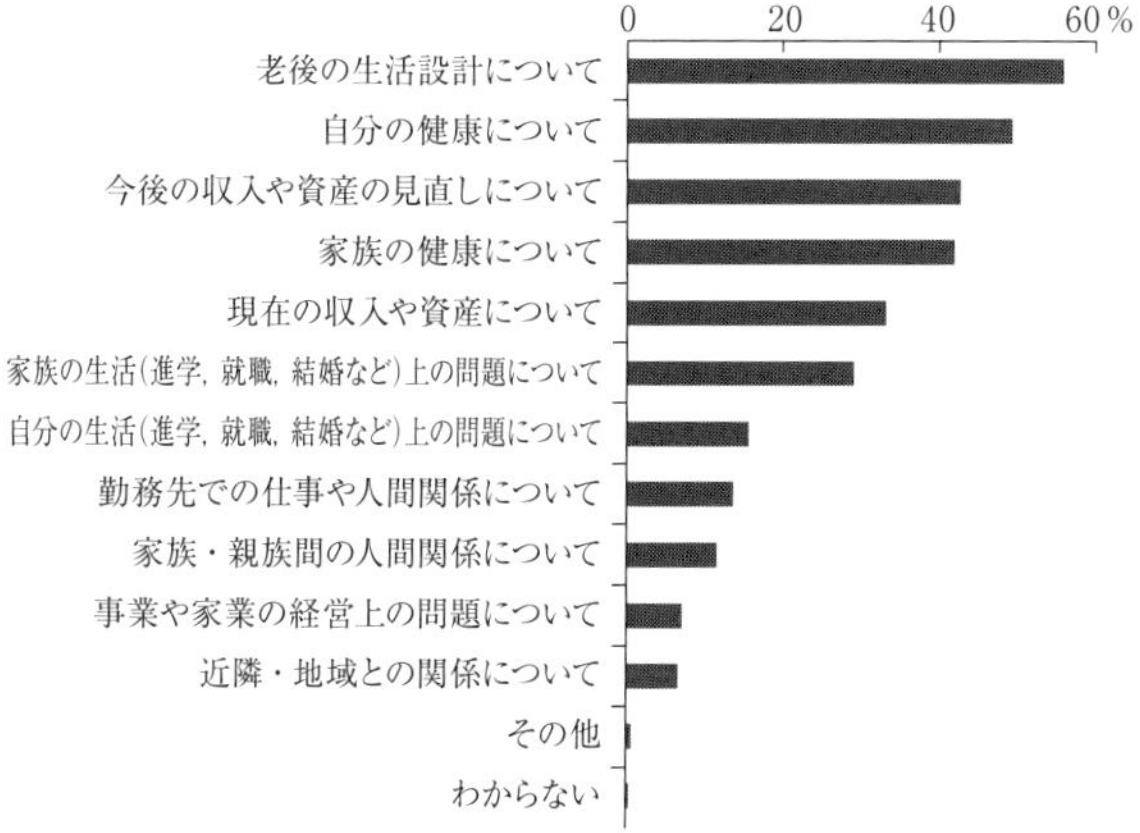

図3　悩みや不安の内容．回答者は，日常生活の中で「悩みや不安を感じている」と答えた者3897人．複数回答．
(出所)内閣府『平成27年度国民生活に関する世論調査』

ついて」「自分の健康について」「今後の収入や資産の見直しについて」「家族の健康について」「現在の収入や資産について」と続きます。これから年をとってからも生活がちゃんと成り立っていくのか、健康で元気にしていられるのか、といった自分が生きるために必要不可欠なことに加えて、家族のことが悩みの種にもなっていることがわかります。

　生きていくということは、自分の人生をしっかり歩んでいくことなのだけれど、人は思いもよらないことで左右されたり、身近な人のことでどうにも出口なしの問題を抱えてしまったり、様々な困難に遭遇します。「自分らしく生きる」なんてかっこいい言葉だけど、「自分らしく」あろうとしても、周りに流され、自分の思うようにならない日々のほうが多いかもしれません。それでもあなたは(私も)問題を解決しようともがいて、考え抜いて、いろいろな方法を使い、他の人たちの協力も得て、何とかして困難を切り抜けてきたことでしょう。生きていくということは、こうした履歴《りれき》を自分の中に積み重ねていること、その道のりにほかならないのです。

私もこれまで約半世紀ほど生きてきて、今までを振り返ってみると、高校生くらいのときに、将来自分が大学で授業をしたり、テレビに出たり、こうして本を書くようになるとは、まったく夢にも思っていませんでした。ただ、一般に「当たり前」と思われる生き方を「なんとなく」やっていくのは嫌だ、と思っていました。じゃあどうしたいんだ、ということですよね。それが、なかなか見つからなかったのです。

私は転勤族の親のもとで、二、三年ごとに転居を繰り返す子ども時代を過ごしました。そのおかげで、子どもながらに「別れ」は必ず訪れるのだ、という思いを強くしました。転校生として新しい学校に行き、新しい友達もできるけど、出会ったときから数年後に想定されている「別れ」。…だからこそ、自分自身と向き合わざるを得ない子ども時代だったような気がします。でもこれは、人生のあらゆる場面で言えることではないでしょうか。「今この時」は二度と訪れはしないのだから、「今」この瞬間こそ大切で大事なこと…そう思って、生きてきたような気がします。

「今が大事」だと考えるということは、直面している困難に対し、どうしたらよいか判断する視点にもなってきました。一番望んでいたベストな状況に至らない、としたらどうするか。私の場合は、考えられる選択肢の中で最も「ベター」だと言える、次善の策を選んできました。ベストを目指して努力し続ける、という生き方もあるでしょう。でも、ベストだと思い込んでいるだけで、もしかしたらもっとほかの可能性があるかもしれない。「自分らしさ」に囚《とら》われていて、自分ならではの長所や能力がほかにもあるということに、自分が気付いていないのかもしれない。…そう考えてみることによって、何か、新しい可能性が見え始めたように思えるのです。

人生九〇年時代になろうとしている今、その折り返し地点を回ったところにいる私にとって、これから先の人生を考えるといくつもの「悩み」が頭をよぎります。でも、自分の生活設計を足元から見直しつつ、困難に直面したら一人で抱え込まず、社会的な支援を視野に入れて一歩踏み出していきたいと思っています。家庭科で学んできたことは、人生と向き合うための様々な種なのです。それはすぐには芽が出ずに(役に立たずに)忘れられてしまうかもしれないけれど、人生のどこかでふと思い出され、実を結ぶことにつながっていくでしょう。生きていくための数々の知識やスキルの「種」を自分の中に蓄えておくこと。それが、変化の激しい現代に家庭科という教科を学ぶ意味なのだと、私は確信しています。家庭科でやったことがあるから、何があっても大丈夫、なんとかなる。あとでそう思えるように、家庭科を今、しっかり学んでください。

おわりに――悩めば悩むほど人生はおもしろい！

『人生の答えは家庭科に聞け！』って、なんだよこのタイトル。図々しいにもほどがあるんじゃないか？　よくこんな題名思いついたよなぁ。家庭科なんて、そんなのちょっと勉強したくらいで、人生の答えがわかるわけないじゃないか。人生ってそんなに甘っちょろいもんじゃないんだよ。どれどれ、一体どんなやつが書いてるんだ」なんて考えて、別に買う気もないのに、ついこの本に手を伸ばして「あとがき」を読み始めてしまったあなた、大正解です！　この本はそんなあなたのために書かれました。

そうなんです。人生の答えなんて、そんなに簡単に手に入るわけありません。そんなのはわかりきったことです。でも、世間を見渡してみると、「○○すればお金持ちになれる！」とか、「□□で偏差値が三〇上がった！」とか、「△△のお蔭で七〇過ぎても二〇代の潤《うるお》い」などという、調子のいい言葉が溢《あふ》れています。まるで、「そうすれば幸せになれますよ」的な、それが

「人生の答えですよ」みたいな、どれもあまり深く考えたとは思えない浮ついた言葉たちです。

どれもこれも、「○○すれば△△」というハウツー式のものばかり。「英語がペラペラ」になったり「スリムな体型」になることが、疑問の余地なく「素晴らしいこと」なんでしょうか？ そんなところに人生の答えを聞いちゃうと、「絶対お得です！ 今なら三〇％キャッシュバック中！」なんてことになっちゃうんですよね。

だから僕たちは、人生の答えはぜひ家庭科に聞いてくださいとお願いしているのです。家庭科なら、間違ってもあなたに「○○になれます」なんてことは言いません。だって、「○○になりたいかどうかを考える」ということが、生きるということ、自分の人生を選ぶということそのものなんですもの。そこは人生の一番おいしい部分です。それを人任せにしちゃってどうするのっていう話です。

食べるもの、着る服、部屋のインテリア、見る番組、聞く音楽、遊びに行くところなどなど、毎日の生活の中で「自分のスタイル」を選ぶ瞬間は無数にあります。進学先、就職先、付き合う相手、住む場所などなど、人生を左右しかねない大きな決断も折々にやってきます。

人生は決断の連続です。結婚しようと言われて、「する」か「しない」かで、残りの人生は大きく変わりますよね。そんな様々な決断をするとき、一番頼りになるものはなんでしょう？

みなさんは何だと思いますか。僕は「選択肢の多さ」だと考えています。

選択肢が多いということは、選べるものをいっぱい持っているということです。実際に選べるのはたいていその中の一つですが、よ〜く考えて納得して決められます。それが本当の豊かさだと僕は考えます。視野が広くて柔軟な発想ができるから、いろんな選択肢が見えてくるんだし、実際に選べる環境にあるなら大変恵まれたことです。豊かだと思います。

それに、人生はなかなか自分の思うようには進みません(リストラされた、離婚した、などなど)が、自分の中に多くの選択肢があれば、軌道修正や進路変更の際、気持ちの切り替えが早くできるし、気持ちが切り替えられれば早く立ち直れます。それも豊かさだと思います。

多様な選択肢を前にしたとき、僕たちはどれにしようか「悩み」ます。この本はそんな悩みの瞬間を切り取った「おなやみ相談」漫画と、それをチャンスととらえ、読者と一緒に人生を考えてゆこうという趣旨でつくられました。悩めば悩むほど面白い！　悩めば悩むほど豊かになれる！　僕たちはそんなふうに考えているのです。

さて、例えば、あなたは今夜、どこで誰と何をどんなふうに食べますか？

♪もっと世界を深く、広く知りたい人のための案内板

ここまで読んでこられた人のなかには、気になったテーマを深く掘り下げてみたい、次のステージに行く方法を知りたいと思った人も多いかもしれません。その道しるべとなる作品(主に書籍、漫画、映画)を各章ごとに記します。寄り道をしながら、ときに迷っても自分の答えを見つけられる力になればと思います。

1章 「自分を知る」のに役立つかもしれない……

朝井リョウ『桐島、部活やめるってよ』(集英社文庫)(映画版：吉田大八監督／バップ)
茨木のり子『詩のこころを読む』(岩波ジュニア新書)
玄田有史・斎藤環・菅野仁ほか『いまこの国で大人になるということ』(紀伊國屋書店)
よしながふみ『フラワー・オブ・ライフ』(新書館)
吉本ばなな『おとなになるってどんなこと?』(ちくまプリマー新書)
スティーヴン・ダルドリー監督『リトル・ダンサー』(アミューズ・ビデオ)

2章　人生の始まり方と終わり方を知ったら、今が変わる?!

ジョン・グリーン『さよならを待つふたりのために』(岩波書店／金原瑞人・竹内茜訳)(映画版：ジョシュ・ブーン監督『きっと、星のせいじゃない。』／20世紀フォックス・ホーム・エンターテーメント・ジャパン)

鈴ノ木ユウ『コウノドリ』(講談社)

岡野雄一『ペコロスの母に会いに行く』(西日本新聞社)

くさか里樹『ヘルプマン！』(講談社)

3章　家族はいちばん近くていちばん遠い存在かもしれない

香山リカ『〈いい子〉じゃなきゃいけないの？』(ちくまプリマー新書)

中脇初枝『祈祷師の娘』(ポプラ文庫ピュアフル)

萩尾望都『イグアナの娘』(小学館文庫)

吉田秋生『海街 diary』(小学館)(映画版：是枝裕和監督／ポニーキャニオン)

細田守監督『サマーウォーズ』(バップ)

是枝裕和監督『そして父になる』(アミューズソフトエンタテインメント)

4章　豊かな生活ってなんだろう？

あさのあつこ『グリーン・グリーン』（徳間書店）
荒川弘『銀の匙』（小学館）（映画版：吉田恵輔監督／ポニーキャニオン）
北川恵海『ちょっと今から仕事やめてくる』（メディアワークス文庫）
三浦しをん『神去なあなあ日常』（徳間文庫）（映画版：矢口史靖監督『ＷＯＯＤ　ＪＯＢ！』東宝）
パスカル・プリッソン監督『世界の果ての通学路』（ＫＡＤＯＫＡＷＡ／角川書店）

5章　支えあわなくても、つながらなくても人は生きていけるもの？

真鍋俊永監督『みんなの学校』（関西テレビ放送製作）
小山宙哉『宇宙兄弟』（講談社）
岡田斗司夫ＦＲＥＥex・内田樹『評価と贈与の経済学』（徳間書店）
猪俣隆一監督『書道ガールズ!!わたしたちの甲子園』（バップ）
森絵都『クラスメイツ』（偕成社）
篠田桃紅『一〇三歳になってわかったこと――人生は一人でも面白い』（幻冬舎）

6章　性と生と政はつながっている？

高橋源一郎『ぼくらの民主主義なんだぜ』（朝日新書）

菊池桃子『午後には陽のあたる場所』(扶桑社)
ニコラウス・ゲイハルター監督『いのちの食べかた』(紀伊國屋書店)
モーガン・スパーロック監督『スーパーサイズ・ミー』(TCエンタテインメント)
ジャン＝ポール・ジョー監督『未来の食卓』(アップリンク)
ミカ・X・ペレド監督『女工哀歌《エレジー》』(CCRE)

7章　人生をデザインする前に知っておきたいこと

荻上チキ『未来をつくる権利——社会問題を読み解く6つの権利』(NHKブックス)
イリーナ・コルシュノフ『ゼバスチアンからの電話』(白水社／石川素子・吉原高志訳)
若林正恭『社会人大学人見知り学部卒業見込』(メディアファクトリー)
西原理恵子『この世でいちばん大事な「カネ」の話』(角川書店)
六花チヨ『IS——男でも女でもない性』(講談社)
ナンシー・マイヤーズ監督『マイ・インターン』(ワーナー・ブラザース・ホームエンターテイメント)

この書籍の漫画は，以下の番組のミニコーナー「お・な・や・み相談」からの再録に，一部新作を加えたものです．

NHK 高校講座「家庭総合」
放送期間　2014 年 4 月～2017 年 3 月（予定）
毎週木曜　14：40～15：00（E テレ）

NHK 高校講座は，11 教科，年間約 1500 本を E テレ・ラジオ第 2 で放送中です．一年間の視聴を通して高校教育課程の基礎が学べます．

その一つ「家庭総合」は，本書掲載の「お・な・や・み相談」から番組がスタート．そこで提示された身近な問題を，出演者が熱く議論します．

※放送期間中は，ホームページから番組の動画をご覧いただけます．また，漫画の静止画をダウンロードできる「学習メモ」もあります．
ホームページアドレス：
http://www.nhk.or.jp/kokokoza/tv/katei/

堀内かおる
1963年生まれ．横浜国立大学教育学部教授．「自立」のための教科である家庭科の可能性を確信し，教員養成と家庭科に対する意識啓発に尽力．最近の関心は，高校生に対する出前の模擬講義．『家庭科教育を学ぶ人のために』他著書多数．

南野忠晴
1958年大阪府生まれ．府立高校で英語科教員として勤めながら家庭科で教員採用試験を再受験し，府立高校で初の男性家庭科教員の一人となる．主な著書に『正しいパンツのたたみ方』，『シアワセなお金の使い方』他多数．

和田フミ江
茨城県生まれ．漫画家・イラストレーター．主な著書に『おうちクエスト』，『おかあさんまであとすこし！』，共著に『僕らの漫画』等がある．

人生の答えは家庭科に聞け！　岩波ジュニア新書 828

2016年4月20日　第1刷発行
2019年4月5日　第3刷発行

著　者　堀内《ほりうち》かおる　南野忠晴《みなみのただはる》

画　和田《わだ》フミ江《え》

発行者　岡本　厚

発行所　株式会社　岩波書店
〒101-8002 東京都千代田区一ツ橋 2-5-5
案内 03-5210-4000　営業部 03-5210-4111
ジュニア新書編集部 03-5210-4065
http://www.iwanami.co.jp/

印刷・精興社　製本・中永製本

ISBN 978-4-00-500828-5　Printed in Japan
JASRAC 出 1602827-903

岩波ジュニア新書の発足に際して

きみたち若い世代は人生の出発点に立っています。きみたちの未来は大きな可能性に満ち、陽春の日のようにひかり輝いています。勉学に体力づくりに、明るくはつらつとした日々を送っていることでしょう。

しかしながら、現代の社会は、また、さまざまな矛盾をはらんでいます。営々として築かれた人類の歴史のなかで、幾千億の先達《せんだつ》たちの英知と努力によって、未知が究明され、人類の進歩がもたらされ、大きく文化として蓄積されてきました。にもかかわらず現代は、核戦争による人類絶滅の危機、貧富の差をはじめとするさまざまな人間的不平等、社会と科学の発展が一方においてもたらした環境の破壊、エネルギーや食糧問題の不安等々、来るべき二十一世紀を前にして、解決を迫られているたくさんの大きな課題がひしめいています。現実の世界はきわめて厳しく、人類の平和と発展のためには、きみたちの新しい英知と真摯《しんし》な努力が切実に必要とされています。

きみたちの前途には、こうした人類の明日の運命が託されています。ですから、たとえば現在の学校で生じているささいな「学力」の差、あるいは家庭環境などによる条件の違いにとらわれて、自分の将来を見限ったりはしないでほしいと思います。個々人の能力とか才能は、いつどこで開花するか計り知れないものがありますし、努力と鍛練の積み重ねの上にこそ切り開かれるものですから、簡単に可能性を放棄したり、容易に「現実」と妥協したりすることのないようにと願っています。

わたしたちは、これから人生を歩むきみたちが、生きることのほんとうの意味を問い、大きく明日をひらくことを心から期待して、ここに新たに岩波ジュニア新書を創刊します。現実に立ち向かうために必要とする知性、豊かな感性と想像力を、きみたちが自らのなかに育てるのに役立ててもらえるよう、すぐれた執筆者による適切な話題を、豊富な写真や挿絵とともに書き下ろしで提供します。若い世代の良き話し相手として、このシリーズを注目してください。わたしたちもまた、きみたちの明日に刮目《かつもく》しています。（一九七九年六月）

800 高校生レストランまごの店 おいしい和食のキホン 村林新吾・相可高校調理クラブ 著

「高校生レストラン」のおいしさの秘密、ここにあり。だしのとり方からはじめ、だし巻き卵、肉じゃがなどのつくり方を、高校生たちの実践でしめす。

801 大人になるっておもしろい？ 清水真砂子 著

萎縮するばかりの若者たちに、魂をゆさぶる数々の物語を通して、傷つくことを恐れず、伸びやかに自由に生きようと呼びかける。青春の羅針盤となる一冊。

802 ファッション・ライフの楽しみ方 高村是州 著

ファッションにはオンとオフの2つのスイッチがある。時と場所に応じてスイッチを入れ替え、ちょっと大人な自分になってみよう。

804 漢字力が身につく熟語練習帳 馬場雄二 著

熟語のリレー、熟語の漢字算など、漢字を組み合わせて熟語を作る、イラスト漢字パズルを満載。楽しく解いて、漢字力をつけよう！

805 大きらいなやつがいる君のためのリベンジマニュアル 豊島ミホ 著

クラスメイトから受けたダメージに長く苦しめられた著者が語る、憎しみとの向き合い方。スクールカーストがはびこる教室で息苦しさを感じているあなたへ。

806 新・東海道 水の旅 浦瀬太郎 著

東海道は水の豊かさを感じられる道だ。でも、富士川や大井川に水が少ないのはなぜ？ 昔の人がつくった堤防や用水が、いまも役に立っていることもわかる。

807 数に強くなろう ―ピーター流数学あそび― ピーター・フランクル 著

中学生ピーターが「足し算ゲーム」で大学生に勝った戦略とは？ 相手が考えた数を、ズバリ当てることができる数字を書いた立体のヒミツは？

808 新・天文学入門 カラー版 嶺重慎・鈴木文二 編著

地球から太陽系、銀河系、そして宇宙のはじまりへ。わたしたちのルーツを探す旅をはじめよう。最新の研究結果を取り入れた改訂版。

809 大学で大人気の先生が語る〈恋愛〉と〈結婚〉の人間学　佐藤剛史 著
結婚するってどういうことなのか考えたことはありますか。幸せな人生をつかみとるために、いま考えておくべきことは？

803 上野公園へ行こう　―歴史＆アート探検―　浦井正明 著
上野公園＝西郷像＋パンダは模範解答、合格大仏＋ハシビロコウは一歩深い解答です。ディープな歴史と幅広いアートの世界に浸かってみよう。

810 はじめての文学講義　―読む・書く・味わう―　中村邦生 著
文学の面白さの秘密はどこにあるのか。多様な作品を題材に、読むコツ・書くコツ・味わうコツを指南する。渋谷教育学園での「文学講義」をまとめた一冊。

811 ABO血液型がわかる科学　山本文一郎 著
血液型と性格は関係があるのだろうか？　遺伝子、分子構造、進化、病気との関係…。生物学のあらゆる分野から血液型を学び、一緒に考えてみよう。

812 日本列島人の歴史　〈知の航海〉シリーズ　斎藤成也 著
列島人4万年の歴史を、現代からさかのぼります。政治的中心の移動、ゲノム、人口、体格など、様々なデータを参照し、起源へと迫ります。

813 屈折万歳！　小島慶子 著
家でも、学校や職場でも空回りしていた著者。自らの屈折体験をふまえ、「いろいろあるけど人生はそう捨てたもんじゃないよ」と悩める10代にエールを送る。

814 レンアイ、基本のキ　―好きになったらなんでもOK？―　打越さく良 著
「恋愛って相手を束縛することなの？」様々なケースから不幸せにならない二人の関係のあり方を考えていく。巻末には相談窓口を付す。

815 岩波メソッド 学校にはない教科書　―いま、必要な5×5の学習法―　岩波邦明・押田あゆみ 著
本気議論力、英語LOVE力、1択力など、これからの時代に必要な「生きる力」を身につけるための学習法をアドバイス。

816 ＡＫＢ48、被災地へ行く　石原　真著

二〇一一年五月から現在まで一度も欠かすことなく続けられている被災地訪問活動。人気アイドルの知られざる活動の様子を紹介します。

817 森と山と川でたどるドイツ史　池上俊一著

魔女狩り、音楽の国、ユダヤ人迫害、環境先進国——ドイツの歩んだ光と影の歴史を、ゲルマン時代からの自然との関わりを軸にたどります。

818 戦後日本の経済と社会—平和共生のアジアへ—　石原享一著

民主化、高度成長、歪み、克服とつづく戦後。多くの課題に取り組んできた、その歩みをたどり、アジア諸国との共生の道を考える。

819 インカの世界を知る　木村秀雄　高野　潤著

天空の聖殿マチュピチュ、深い森に眠る神殿、謎に満ちた巨石…。神秘と謎に包まれたインカの魅力を多数の写真とともに紹介します。

820 詩の寺子屋　和合亮一著

詩は言葉のダンスだ。耳や心に残った言葉を集めて、かたまりをつくろう。それが詩になり、自分の心の記録、そして記憶になるんだ。

821 姜尚中と読む　夏目漱石　姜　尚中著

夏目漱石に心酔し、高校時代から現在まで何度も読み直してきた著者と一緒に、作品に込められた漱石の思いを読み解いてみませんか。

822 ジャーナリストという仕事　斎藤貴男著

マスコミ不信の拡大、ネットなどによるメディア環境の激変。いまジャーナリストの果たすべき役割とは？　自らの体験とともに熱く語ります。

823 地方自治のしくみがわかる本　村林　守著

憲法は強力な自治権を保障しており、住民は政策決定に間接・直接に関われる。暮らしをよくする地方自治と住民の役割を考えよう。

824 寿命はなぜ決まっているのか—長生き遺伝子のヒミツ　小林武彦著

人はみな、なぜ老い、死ぬのか。「命の回数券」「長生き遺伝子」とは？　老化とガンの関係は？　細胞老化の研究者が、科学的な観点から解説します。

825 国際情勢に強くなる英語キーワード　明石和康著

アメリカ大統領選挙、英国のＥＵ離脱、金融危機、地球温暖化、ＩＳ、ＴＰＰなど国際情勢を理解するために必要なニュース英語を解説します。

826 生命デザイン学入門　小川(西秋)葉子・太田邦史編著

エピゲノム、腸内フローラ……。多様な環境を生き抜く力をもつ生命のデザインを社会に適用する新しい学問の魅力を紹介します。

827 保健室の恋バナ＋α　金子由美子著

とまどいも多い思春期の恋愛。「性と愛」、「ココロとカラダ」はどうあるべきか？　保健室で中学生と向き合ってきた著者が、あなたの悩みに答えます。

828 人生の答えは家庭科に聞け！　堀内かおる・南野忠晴著　和田フミ江画

高校生たちが抱える悩みを漫画で表し、それらを受けて家庭科のプロが考え方や生きるヒントをアドバイス。人生の決断を豊かにしてくれる一冊。

829 恋の相手は女の子　室井舞花著

初恋は女の子。わたしらしく生きたいと願いつづけた同性愛当事者が、自身の体験と多様性に寛容な社会への思いを語る。

830 通訳になりたい！—ゼロからめざせる10の道—　松下佳世著

東京オリンピックを控え、注目を集める通訳。スポーツ通訳、ボランティア通訳、会議通訳など現役の通訳者たちの声を通して通訳の仕事の魅力を探ります。

831 自分の顔が好きですか？—「顔」の心理学—　山口真美著

顔は心の窓です。視線や表情でのコミュニケーション、顔を覚えるコツ、第一印象は大切か、魅力的な顔とは？　心理学で解き明かします。

832 10分で読む 日本の歴史
NHK「10min.ボックス」制作班編
NHKの中学・高校生向け番組「10min.ボックス 日本史」の書籍化。主要な出来事、重要人物、文化など重要ポイントを理解するのに役立ちます。

833 クマゼミから温暖化を考える
沼田英治著
分布域を西から東へと拡大しているクマゼミ。増加の原因は、温暖化が進んだことなのか？ 地道な調査・実験から温暖化との関係を明らかにする。

834 英語に好かれるとっておきの方法—4技能を身につける
横山カズ著
同時通訳者&受験生向け講座で人気の講師が、自らの体験を通じて導き出した、英語を自分のものにする独習法を熱く伝授します。

835 綾瀬はるか「戦争」を聞くII
TBSテレビ『NEWS23』取材班編
女優・綾瀬はるかが被爆者のもとを訪ねます。様々な思いを抱きながら戦後を生きてきた人々の言葉を通して平和の意味を考えます。

836 30代記者たちが出会った戦争—激戦地を歩く
共同通信社会部編
ガダルカナルなどで戦闘に加わった日本兵の証言を30代の記者が取材。どんな状況におかれ、生き延びたのか。現地の様子もふまえ戦地の実相を明らかにする。

837 地球温暖化は解決できるのか—パリ協定から未来へ！
小西雅子著
深刻化する温暖化のなかで私たちは何をしなければならないのでしょうか。世界と日本の温暖化対策と今後の課題をわかりやすく解説します。

838 ハッブル 宇宙を広げた男
家正則著
文武両道でハンサムなのに、性格だけは一癖あった？20世紀最大の天文学者が同時代の科学者たちと織りなす、栄光と挫折の一代記。（カラー2ページ）

839 ノーベル賞でつかむ現代科学
小山慶太著
日本人のノーベル賞受賞で注目を集める物質・生命・宇宙の3つのテーマにおける受賞の歴史と学問の歩みを解説。現代科学の展開と現在の概要が見えてくる。

840 徳川家が見た戦争　徳川宗英著
二六〇年余の泰平をもたらした徳川時代、将軍家を支えた田安徳川家の第十一代当主が語る現代の平和論。二度と戦争を起こさないためには何が必要なのか。

841 研究するって面白い！ ―科学者になった11人の物語―　伊藤由佳理編著
理系の専門分野で活躍する女性科学者11人による研究案内。研究内容やその魅力を伝えると共に、どのように進路を決め、今があるのかについても語ります。

842 紛争・対立・暴力 ―世界の地域から考える― 〈知の航海〉シリーズ　西崎文子・武内進一編著
なぜ世界でテロや暴力が蔓延するのか。欧州の移民問題や中東のＩＳなど、宗教、人種・民族、貧困と格差が複雑に絡み合う現代社会の課題を解説。

843 期待はずれのドラフト1位 ―逆境からのそれぞれのリベンジ―　元永知宏著
プロ野球選手として思い通りの成績を残せなくてもそこで人生が終わるわけではない。新たな挑戦を続ける元ドラフト１位選手たちの軌跡を追う！

844 上手な脳の使いかた　岩田誠著
経験を積むことの重要性、失敗や叱られることの意味、失われた能力を取り戻すしくみ――脳のはたらきを知れば、使い方も見えてくる！　本当の「学び」とは何か？

845 方言萌え!? ―ヴァーチャル方言を読み解く―　田中ゆかり著
キブンを表すのに最適なヴァーチャル方言は、リアル方言にも影響を与えている。その関係から、日本語や日本社会の新たな断面が見えてくる。

846 女も男も生きやすい国、スウェーデン　三瓶恵子著
男女平等政策を日々更新中のスウェーデン。その取り組みを具体的に紹介する。そこには日本の目指すべき未来がある。

847 王様でたどるイギリス史　池上俊一著
「紅茶を飲む英国紳士」はなぜ生まれた？「料理がマズイ」は戦略？　個性的な王様たちのもとで醸成された文化と気質を深～く掘り下げ、イギリスの素顔に迫る！

848 財政から読みとく日本社会 ―君たちの未来のために― 井手英策 著

日本の財政のなりたちをわかりやすく解説し、新しい社会への選択肢を考えます。誰もが安心してくらせる社会をつくるためにできることは？

849 正しいコピペのすすめ ―模倣、創造、著作権と私たち― 宮武久佳 著

デジタル機器やネットの普及でコピーが日常行為になった今、知っておくべきルールとは？ 論文やレポートにも役立つ著作権の入門書。

850 聖徳太子 ―ほんとうの姿を求めて― 東野治之 著

仏像に残された銘文や、自筆とされるお経の注釈書など、さまざまな手がかりを読み解き、太子の謎の実像に迫ります。調べて考える歴史学って面白い！

851 日本一小さな農業高校の学校づくり ―愛農高校、校舎たてかえ顚末記 品田茂 著

自主自立を学び、互いを尊重しあえる人を育む教育で知られる愛農高校のユニークな校舎づくり。みんなで力を合わせてつくった自分たちの学びの場とは？

852 東大留学生ディオンが見たニッポン ディオン・ン・ジェ・ティン 著

大好きな国・ニッポンに留学したディオンの見聞録。東大での日々で同世代や社会に感じた異論・戸惑い・共感を率直に語る。国際化にむけても示唆に富む一冊。

853 中学生になったら 宮下聡 著

勉強や進路、友達との関係に悩む中学生の日常に寄り添って、充実した三年間を送る方法をアドバイス。自ら考え判断し、行動する力を身につけたい生徒に最適。

854 質問する、問い返す ―主体的に学ぶということ― 名古谷隆彦 著

「主体的に学ぶ」とは何か、「考える」とはどういうことなのか。多くの学校現場の取材をもとに主体的に学ぶことの意味を探る。

855 読みたい心に火をつけろ！ ―学校図書館大活用術― 木下通子 著

学校図書館には、多様な注文をもった生徒たちがやってくる。学校司書として生徒の「読みたい」「知りたい」に応える様子を紹介。本を読む楽しさや意義も伝える。

856 敗北を力に！ 甲子園の敗者たち　元永知宏 著
甲子園での敗北は、選手のその後の人生にどんな影響を与えたのか？ 激闘を演じ、最後に敗れた甲子園球児の「その後」を追う。

857 世界に通じるマナーとコミュニケーション ―つながる心、英語は翼―　横手尚子・横山カズ 著
マナーの基本5原則、敬語の使い方、気持ちを伝える英語など、国際化時代に必要な、実践で役立つマナーの基本を紹介します。

858 漱石先生の手紙が教えてくれたこと　小山慶太 著
漱石の書き残した手紙は、小説とは違った感慨を読む者に与える。綴られる励まし、ユーモアは、今を生きる人にもエールとなるだろう。

859 マンボウのひみつ　澤井悦郎 著
光る、すぐ死ぬ、人を助けた、3億個産卵……数々の噂は本当か？ 捨身の若きハカセによって、怪魚の正体が、いま明らかに――。〔カラー頁多数〕

860 自分のことがわかる本 ―ポジティブ・アプローチで描く未来―　安部博枝 著
「自分の強み」を見つける自分発見シートや「なりたい自分」に近づくプランシートなど実践的なワークを通して未来を描く自己発見マニュアル。

861 農学が世界を救う！ ―食料・生命・環境をめぐる科学の挑戦―　生源寺眞一・太田寛行・安田弘法 編著
くらしを豊かにし、自然環境を保全し、生き物たちの役に立つ――。地球全体から顕微鏡で見る世界まで、農学には可能性と夢がある！

862 私、日本に住んでいます　スベンドリニ・カクチ 著
日本に住む様々な外国人を紹介します。彼らはなぜ日本に住み、どんな生活をしているのでしょう？ 多文化共生のあり方を考えるヒント。

863 短歌は最強アイテム ―高校生活の悩みに効きます―　千葉聡 著
熱血教師で歌人の著者が、現代短歌を通じて学校生活の様子や揺れ動く生徒たちの心模様を描く青春短歌エッセイ。短歌を通じて、高校生にエールを送る。

864 榎本武揚と明治維新 ―旧幕臣の描いた近代化 黒瀧秀久
幕末・明治の激動期に「蝦夷共和国」を夢見て戦い、その後、日本の近代化に大きな役割を果たした榎本の波乱に満ちた生涯。

865 はじめての研究レポート作成術 沼崎一郎
図書館とインターネットから入手できる資料を用いた研究レポート作成術を、初心者にもわかるように丁寧に解説。

866 その情報、本当ですか? ―ネット時代のニュースの読み解き方 塚田祐之
ネットやテレビの膨大な情報から「真実」を読み取るにはどうすればよいのか。若い世代のための情報リテラシー入門。

867 〈知の航海〉シリーズ ロボットが家にやってきたら… ―人間とAIの未来 遠藤 薫
身近になったお掃除ロボット、ドローン、AI家電…。ロボットは私たちの生活をどう変えるのだろうか。

868 司法の現場で働きたい! ―弁護士・裁判官・検察官 打越さく良 佐藤倫子 編
13人の法律家(弁護士・裁判官・検察官)たちが、今の職業をめざした理由、仕事の面白さや意義を語った一冊。

869 生物学の基礎はことわざにあり ―カエルの子はカエル? トンビがタカを生む? 杉本正信
動物の生態や人の健康、遺伝や進化、そして生物多様性まで、ことわざや成句を入り口に生物学を楽しく学ぼう!

870 覚えておきたい 基本英会話フレーズ130　小池直己

基本単語を連ねたイディオムや慣用的フレーズを厳選して解説。ロングセラー『英会話の基本表現100話』の改訂版。

871 リベラルアーツの学び ―理系的思考のすすめ　芳沢光雄

分野の垣根を越えて幅広い知識を身につけるリベラルアーツ。様々な視点から考える力を育む教育の意義を語る。

872 世界の海へ、シャチを追え!　水口博也

深い家族愛で結ばれた海の王者の、意外な素顔。写真家の著者が、臨場感あふれる美しい文章でつづる。　［カラー口絵16頁］

873 台湾の若者を知りたい　水野俊平

若者たちの学校生活、受験戦争、兵役、就活……、3年以上にわたる現地取材を重ねて知った意外な日常生活。

874 男女平等はどこまで進んだか ―女性差別撤廃条約から考える　山下泰子・矢澤澄子監修／国際女性の地位協会編

女性差別撤廃条約の理念と内容を、身近なテーマを入り口に優しく解説。同時に日本の課題を明らかにします。

875 〈知の航海〉シリーズ 知の古典は誘惑する　小島毅 編著

長く読み継がれてきた古今東西の作品を紹介。古典は今を生きる私たちに何を語りかけてくれるでしょうか?

877・876
数学を嫌いにならないで
基本のおさらい篇
文章題にいどむ篇
ダニカ・マッケラー
菅野仁子訳

数学が嫌い？ あきらめるのはまだ早い。この本を読めばバラ色の人生が開けるかもしれません。アメリカの人気女優ダニカ先生が教えるとっておきの勉強法。苦手なところを全部きれいに片付けてしまいましょう。いつのまにか数学が得意になります！

878
10代に語る平成史
後藤謙次

消費税の導入、バブル経済の終焉、テロとの戦い…、激動の30年をベテラン政治ジャーナリストがわかりやすく解説します。

879
アンネ・フランクに会いに行く
谷口長世

ナチ収容所で短い生涯を終えたアンネ・フランク。アンネが生き抜いた時代を巡る旅を通して平和の意味を考えます。

880
核兵器はなくせる
川崎　哲

ノーベル平和賞を受賞したICANの中心にいて、核兵器廃絶に奔走する著者が、核の現状や今後について熱く語る。

881
不登校でも大丈夫
末富　晶

「学校に行かない人生＝不幸」ではなく、「幸福な人生につながる必要な時間だった」と自らの経験をふまえ語りかける。